傅任敢作品选

[瑞士] 裴斯泰洛齐
(Johann Heinrich Pestalozzi)
著

贤伉俪

傅任敢 译

上海教育出版社

编辑前言

傅任敢（1905—1982），中国现代教育家、翻译家。字苕年，原名傅举丰。1929年毕业于清华大学教育心理学系，旋至母校长沙明德中学任教务主任。1933年回清华大学任校长秘书，后奉校长梅贻琦之命，先后于重庆、长沙创办并同时主持两所清华中学，积极开展教育实验，探索现代中学办学经验。1950年应北京市副市长吴晗之邀，筹建北京市市立第十一中学，任校长。1954年参加筹建北京师范学院（今首都师范大学）工作，筹建教育教研室并任主任；1961年调入历史系资料室，从事翻译工作。1978年后重回教育研究与教学岗位。

傅任敢曾言："我有一个热切的企图：希望异域的教育上的经典都能译成中文！"从20世纪30年代开始，傅任敢先后译出了瑞士教育家裴斯泰洛齐（Johann Heinrich Pestalozzi, 1746—1827）的代表作《林哈德和葛笃德》之节译本《贤伉俪》（1935

年),奥地利心理学家、个体心理学创始人阿德勒(Alfred Adler, 1870—1937)的代表作《生活的科学》(1936年),英国哲学家、教育理论家洛克(John Locke, 1632—1704)的代表作《教育漫话》(1937年),捷克教育家夸美纽斯(Johann Amos Comenius, 1592—1670)的代表作《大教授学》(1939年)以及法国启蒙思想家、哲学家、教育思想家卢梭(Jean-Jacques Rousseau, 1712—1778)与德国学前教育家、被称为"幼儿教育之父"的福禄培尔(Friedrich Wilhelm August Fröbel, 1782—1852)等人的《莉娜及其他》(1940年)等世界教育经典名著。晚年除从事史学理论、世界近代史、教育心理学等学科的翻译工作外,更致力于中国教育史的整理和研究工作,撰成《〈学记〉译述》《孔子教育思想管窥》等。

傅任敢先生无疑是我国杰出的现代教育理念传播者、实践者和阐释者,他在五十七年的教育实践与研究生涯中,培养了一批优秀人才,探索出宝贵的办学经验,出版了一系列优秀的教育论著与译作,形成了理论与实践相契合,具有自己特点的教育思想,为我国教育现代化提供了宝贵的思想资源。如今,"傅任敢作品选"由我社分批出版,我们可以更为便利、全面和深入地从他那"一笔不苟,而又流畅可读"(何炳松《〈贤伉俪〉汉译本序》)的文字里,丰富教育学识,汲取教育智慧。

裴斯泰洛齐的《贤伉俪》(今译《林哈德和葛笃德》)是傅任

敢先生最具代表性的译作之一，初版于1937年1月，为商务印书馆"汉译世界名著"丛书之一。本次重版，即以初版为底本，改用横排简体，同时参考了教育科学出版社2011年出版的首都师范大学"傅任敢教育思想与实践之研究"课题组编的《傅任敢教育文集》，秉持"小而精"、易于阅读与收藏的原则，改进了书籍的开本和装帧。为了保持作品的历史原貌，我们对内容基本不作修改，只在订正个别文字和统一体例方面做了必要的工作；原书人名、地名等专名以及概念、术语等的译法与今之习惯用法不一致处，亦不作改动，只在全书内保持一致，必要处作注释，以备读者阅读；原书标点有些与今天的习惯用法存在差异，在可能影响理解处作适当改动；若确系排印舛误、数据计算和外文拼写错误等，则予以径改。如有疏忽，敬请读者批评指正。

须加一笔的是，傅任敢先生的大量教育资料、文稿、书籍曾于特殊时期损失殆尽，如果没有傅任敢先生的夫人杨仁女士晚年在20多年的时间里辛苦搜集和整理，傅任敢先生的很多作品，我们今天是无法看到的。其中有些作品，如《〈学记〉译述》《教育漫话》《大教学论》等教育经典名著，傅任敢先生晚年于重病中重新校订，都是由杨仁女士逐字逐句念出来，再将傅任敢先生的修改意见誊录后完成的。

为便于读者了解本书要旨，特邀请首都师范大学王长纯教授撰写跋附于卷末，以飨读者。

在我们编辑出版过程中，傅任敢先生的三位女儿傅平生、付渝生、傅乐生及首都师范大学王长纯教授给予了大力支持，在此一并致谢。

上海教育出版社教育与心理出版中心
2022 年 2 月 23 日

傅任敢(1905—1982)

傅任敢与夫人杨仁(1981年)

谨以此译献给内子杨仁女士

任敢谨志

我有一个热切的企图：希望异域的教育上的经典都能译成中文！这个译本就是我这种企图的尝试之一。不过我是一个时力两绌的人，万一译文有什么漏误生疏之处，敬以至诚希望一切善意的指教。本书汉译承何炳松先生在《教育杂志》上披露，并作序言，谨此致谢。

任　敢

裴斯泰洛齐先生像
(采自：Cubberley：History of Education)

"一七八一年氏之名著《利奥那特①与革特鲁德②》(按即《贤伉俪》)之第一卷出版,中含氏之家庭论、教育论及社会改造策,文笔锐利,描写精密,对于农夫之生活,发挥尽致,是书一出,为世人所传诵,氏之声望一时大振。"(《教育大辞书》)

"《林哈德与格尔脱路德③》(按即《贤伉俪》)乃描述瑞士村落生活之一种小说,共四卷。……其教育理想均含蓄于此书中。"(《中国教育辞典》)

---

① 利奥那特(Leonard),今译"林哈德"。——编者注
② 革特鲁德(Gertrude),今译"葛笃德"。——编者注
③ 格尔脱路德(Gertrude),今译"葛笃德"。——编者注

目 录

1/ **汉译本序**

5/ **英译导言**

8/ **霍尔序**

1/ **第一章 贤妻**

一个懦弱的男子,一个勇敢的女人和一个贤良的州官

8/ **第二章 魔降**

恶魔出现,遇了他的主子

17/ **第三章　设阱**

　　村农们的聚谈和恶棍们的阴谋

25/ **第四章　佳讯**

　　家庭里的快乐

32/ **第五章　噩耗**

　　一个善女人的临终

42/ **第六章　群棍**

　　忏悔、伪善、恶毒和虚骄

51/ **第七章　鹬蚌**

　　恶棍们的钩心斗角

57/ **第八章 教子**

　　一个良母的礼拜六晚

66/ **第九章 讽恶**

　　两次说教的结果

71/ **第十章 乐事**

　　礼拜日的快乐和孩子们的性格

81/ **第十一章 羞怒**

　　村正老羞成怒

87/ **第十二章 天网**

　　鼠辈放弃了将沉的船只,蓬那村民遇了魔鬼

94/ **第十三章 定狱**

　　罪人招了供，定了狱

99/ **第十四章 趣景**

　　一幕趣剧

105/ **第十五章 明刑**

　　贫人的大量和罪人的受罚

112/ **第十六章 善邻**

　　一个整齐严肃的家庭和一个秩序混乱的家庭

119/ **第十七章 谤贤**

　　混乱统治了全村，只有一家是例外

127/ **第十八章 报怨**

      患难之处才见真交情

133/ **第十九章 诳上**

      新村正找着了一件难差事

140/ **第二十章 异会**

      一个稀奇的集会

148/ **第二十一章 德化**

      亚纳主持公道，临死的妇人祈求赦宥

154/ **第二十二章 拯溺**

      复兴蓬那的计划

158/ 第二十三章 苦乐

    到处是恐慌，只有一个平安的家庭

163/ 第二十四章 戏妮

    女人对女人的玩笑

170/ 第二十五章 庭训

    格妹的教导的方法

174/ 第二十六章 议媒

    做媒人和办学校

180/ 第二十七章 求偶

    一幕求婚的怪剧

185/ **第二十八章 分地**

　　诬谤遭了处罚，公地终于分了

191/ **第二十九章 偿负**

　　审判的日子

196/ **第三十章 谢恩**

　　年青的一代带了希望与安慰给州官

201/ **第三十一章 设校**

　　一个新的学校的组织

206/ **第三十二章 良师**

　　一个良好的牧师和教师，一个新时代的开始

211/ **第三十三章 诳女**

一个捣乱的分子和一幕惊心的冒险

216/ **第三十四章 恶报**

农夫们自己主持公道

222/ **第三十五章 激婚**

亚纳患病的结果和一个继母的聘定

227/ **第三十六章 忻乐**

提心、快乐与结婚

232/ **第三十七章 余音**

结尾

240/ **跋（王长纯）**

汉译本序

世界教育名著《贤伉俪》(*Leonard and Gertrude*)为近世大教育家裴斯泰洛齐（Johann Heinrich Pestalozzi）用德文所著，美国昌宁（Eva Channing）女士于一八八五年用英文节译之。兹经我国傅任敢先生根据英文本译成汉文，以飨吾国研究教育的读者。

裴斯泰洛齐（一七四六～一八二七）是瑞士的一位最伟大的教育改革家和现代教育学的主要创造家。他幼年丧父，受母教甚深，所以感情特富。少年时代颇受当时自然派哲学的影响，受卢梭（Jean-Jacques Rousseau）的感动尤大。曾想尽力于农事改良以增进民众的幸福。乃于一七六七年购荒地百亩，从事垦殖事业，并照卢梭在《爱弥尔》一书中所提的方法以教其子。嗣于一七七五年以其地为贫儿教养院，施以实业教育。兹事终因各家长的不合作而失败。自此乃恍然于个人及民族的改造必先从改良环境入手。

自一七八〇年后凡十八年间，实为他生平最困窘时代，亦为他的著作极丰富的时代。他此时的境遇很有点像我国从前许多名家所谓"穷而后工"那句话。他当时想到种种社会的和教育的问题，终于觉悟到要改良个人和社会，只有用教育的力量从个人的德性和智慧上的改良做起。一七八一年开始出版的《贤伉俪》这部书，就是他那种理想的表现。

他在这部名著中所表示的理想大概有这样几点：（一）我们要改良民众的状况，应该用教育的力量，不是革命的力量；（二）教育的中心应在家庭而不在学校；（三）教育的起点应在摇篮中，最初几年最是重要；（四）无知的母亲，只要照裴氏所定的方法去教育儿女，一样的可以和寻常富有学识的教师得到效果；（五）只要家庭能够改良，社会自会进步，穷困自会消灭。

裴氏这种主张,似乎很像我国儒家修齐治平的说法。无怪此书一旦出世,惊动全欧,顿成西洋学术界上的一种经典。而裴氏的伟名,亦因此而千古不朽。

到一七九八年,他又出任孤儿院院长。次年乃从事实际学校的工作。一八〇五年他又创办一种师资训练机关于伊佛顿(Yverdon),发挥他那根据心理学原则以实施教育的大主张。欧美各国教育家,相率负笈来游。他的学说因之遂遍传于世界。普鲁士和美国受他的影响尤深,所以十九世纪初年以来有所谓"裴斯泰洛齐运动",鼓吹应用裴氏的教育理想于实际的教育工作上。事实上他那"教育应该心理学化"的主张,到如今虽在我国亦很受了一点流风余韵的影响。

他主持伊佛顿的教育研究所先后凡二十年。终因和一部教师不协,于一八二五年退职。逾二年而卒,享寿八十二岁。他一生对于教育事业,真可谓鞠躬尽瘁,死而后已的了。

至于此书的汉译者傅任敢先生,他的译文一笔不苟,而又流畅可读,信、达、雅三个条件差不多都已做到。我们预料读者一定会感佩傅先生这番介绍西洋教育名著的努力。

何炳松

英译导言

裴斯泰洛齐的《贤伉俪》一书，最初出版于一七八一年，约占全书四分之一。其余三册分别出版于一七八三年、一七八五年及一七八七年。一七九〇年至一七九二年，裴氏复将此书加以修正紧缩，再版行世，共分三册。后来裴氏收集自己的作品，交由什杜加（Stuttgart）的可塔（Cotta）出版（一八一九～一八二六），他又把初版大加修改，尤其是第二、三、四册修改得多，全书拟扩充为六册。但是六册之中，只有前四册曾经印行，第五册的原稿于裴氏死后遗失。至于塞法德（Seyffarth）版，更为后出，共计五册，尽量保存了第一版的精华而又没有忽略第三版所增加的材料，书中附注颇多，常时提明两种版本的异点。

简译《贤伉俪》一书，困难很多，因为各种版本之间，歧异颇大，而始终根据某一种版本又是不可能的。这本译本所根据的材料是累克伦（Reclam）的廉价本，只有前两册，大体是依据第一版的；可塔本，内容是扩充后的，可是并不完全；塞法德的选本，共计五册；和同家的简明通俗本，一册（一八七四年出版）。

裴氏的文笔是最枯涩的。书中虽随处表现作者的常识丰富，练达人情；但是读者读上五六页后，无不昏沉欲睡。加以篇幅又大，所以我们采用彻底缩译的办法，或亦情有可原。不过因为缩译之故，原书的古朴之处不能不多所牺牲；至于书内的对话，则大概保存其本来的面目。格姝①及其儿女们的描写，删节最少，因为这部分文字不但写得极其有声有色，并且从教育的见地看来也是极有价值的。

从外表上看，《贤伉俪》在文学上的地位颇为

---

① 格姝（Gertrude），今译"葛笃德"。——编者注

奇特，因为它既不是一本纯粹的小说，又不是一篇教育学的论文。我们顶好把它当作一篇十九世纪瑞士农民生活的写实，内容虽不能说怎样的令人爱不忍释，至少对于那时的风俗习惯是描写得奇特有趣，可以令我们增加见识的。但是这本书所给予我们的教训价值可就远过于此了。蓬那村就是代表全世界的，作者描写改革腐化的办法，提高道德的标准的时候，他就是在表白他自己对于某一部分无间古今的最大的社会问题和政治问题的意见。他对于教育问题的意见散见于第八、十、十六、十七、二十三、二十五、三十一、三十二各章。

这本《贤伉俪》的节译本虽则缺点很多，但是希望它能是一个了不得的人物的一本了不得的著作因而更能得到较多的读者，大家欣赏一番。

昌宁（Eva Channing）

霍尔序

这个家常故事不是为现代一般小说读者写的。这本故事里面所讲的是一种深切的热烈的爱；爱的不是某一个人，而是不幸者、弱者和孩子们。作者写的书很多，但是他写的故事只有这一本。这本书所表示的是作者热烈的内在生活，所描写的是他自己所处的那种平凡的现实的环境。里面有踢打妻子的农人和偷窃生白薯的穷孩子，他们只有过节的时候才能吃到没有去掉乳脂的牛乳；里面也有畜粪堆，有畜栏里的积水；但是里面也充满了各种各色的事故，各种各色的人物。有伪君子，有大傻瓜，有长舌妇，有守财奴，有酒徒，有势利小人，有阴谋家，有公正的法官，有良善的牧师，有捣乱的贵妇，有老教师看见了教育新潮而愤怒,有庸医因误杀人命而被罚做掘坟的苦工,形形色色,都栩栩如生地在书上出现。书中的动作是很紧张的。村正的妻子拼命从教堂跑回家去;村正本人屡次听了她的话而目瞪口呆;村正的伙伴因为懊悔而在地板上打滚,自己用拳头打自己。鲁迪母亲的临死是很凄恻的。鬼怪追逐亨美尔的一幕最滑稽了;至于亨美尔到绞架底下,自认应该死在架下,手指上黥着永不褪色的记号,也给读者一种很深刻的印象。

而且这个故事所描写的是一种没有十分开化的村落,所以里面又充满了兴味和教训。例如人民集会的大方场;广大的公地,各地主间公地的分配便是全书的一条有趣的脉络;公家绞刑吏的绞桩,村正兼酒店老板,谁都欠他的债,他躲在窗口窃听,他探听一切主顾的家庭的隐私;小规模的盗窃、欺骗、迷信、阴谋、谤毁、造谣,在这形形色色之中,只有那爿酒店是很繁荣的;最后还有那住在旧堡内的伟大的、慈善的地方官,好像一个善神,远远地注视村里的一切事情,他在市场里主持了公道,谁也不能欺骗他，谁也不能妨碍他——这种种情景在当时裴斯泰洛齐的心目中是实在的，而在我们看来却是新奇的了。总而言之，看了他这个故事，我们就不禁想起许多德国学校教室墙上为文字教学与实物教学合用起见而挂着的那种大而着色的图表——那是些大块大块的强烈颜色，一堆一堆的人和物，并不求其合于艺术的调和，但在儿童心目中，却比美术馆中任何作品更近于生活，更富于生活。不过它与这些图表有个不同的地方：它有一个目的，使它从这些具体的细节升到一个道德的平面，一个文学艺术所能达到的最高的道德平面。

这个愁惨的小村里有一个贤淑的妇人——格姝，她是泥匠廖纳德①的妻子，她一天跋涉若干里路，去见郡中的长官，为她丈夫求工作，村正用酒诱惑她的丈夫去贪杯，她便控告那坏村正。她嗫嚅地诉出了苦情，她丈夫得到了建筑新教堂的工作；最后经过长期的斗争之后，村正的罪恶终于败露而塌台了。

---

① 廖纳德（Leonard），今译"林哈德"。——编者注

格姝教自己的孩子做家庭的工作,教他们格言、赞美歌、祷告、清洁、礼貌,最后,让一个邻居的孩子也一同加入。一个破落的贵族,没有事干,看见了她的家庭学校,最后自己也决心要当一个教师。格姝有时候虽然说出一两句"扼要的话",但是她不能把自己的秘诀尽量告诉他。她觉得学校应和家庭生活发生密切的关系,不可和家庭生活作对;学校应该是一个围坐在家庭火炉旁的较大的团体,口头的教训应该消灭于实际活动的精神之下。教师的学校很发达。牧师也发生了兴趣,他知道自己的陈义太高,太注重教义,不切实际,于是也把说教的方式改变了。全部家庭生活与勤劳工作的精神渐渐复兴了。有几个顶好的人每周集会,讨论繁荣商业的教育大问题。王室的内阁也发生了兴趣,来研究蓬那——那地方已成为瑞士最繁荣的村落——最后的结论是:如果一国的政府真是严重地、深切地希望改革,除了模仿蓬那以外再没有更好更彻底的方法了。其实这是世界上一般政府的原则。

所以,蓬那就代表全世界;村正就代表酗酒、阴谋以及使社会堕落的种种恶势力；格姝就是好教师，要使世界得救就只有靠她的力量。我们读这本书的时候，我们应该记得：我们现在也有成千成百的社会，需要彻底的改革，只有用同样切实的伦理教育的渐进方法，才能成功。捐赠基金，创制法律，采用新方法等等虽然重要，可是不能使这种改革生效，要使这种改革生效，便得如裴斯泰洛齐所想象的一样，需要高尚的妇人运用她们的爱，运用她们的诚，从家庭中洋溢到社会上去；需要各界中贤淑的格姝，她们实是天生的民族教育家；我们当男教师的如果要自己的教训能有一种感化的力量，我们必得把她们的工作，她们的"扼要的话"深切地体会一下。

这本书代表了裴斯泰洛齐的影响的极致。书出以后，王室的贵人都来拜访他，送他礼物。名家海巴脱（Herbart）①、费希特（Fichte）以及其他许多人都从他在这里所燃着的火星点起了熊熊的火把。这

---

① 海巴脱（Herbart），今译"赫尔巴特"。——编者注

本书是每个好教师都该细心读的，读了以后，对于译者的工作伟大，而又善于取舍，把篇幅这么巨大、内容这么难于爬梳的一本原书译成了现有的可人的形式，当然会感谢她的。

霍尔（G. Stanley Hall）

第一章　贤妻

一个懦弱的男子，一个勇敢的女人和一个贤良的州官

蓬那村（Bonnal）内有个泥匠，名叫廖纳德（Leonard）。他家里有一个妻子，名叫格姝（Gertrude），生下七个儿女。他凭着自己的手艺本是可以养妻活子的；不过村中有家酒店引诱他，店里常常有许多游手好闲的人，嬲着他去饮酒赌博。廖泥匠是一个生性忠厚、随遇而安的人，这样一来，便把辛苦得来的一点点工资都浪费完了。廖泥匠每逢看见子女啼饥号寒，也很悔恨自己的弱点，但是勇气不够，终于改不了自己的坏习惯。他的妻子非常贤淑而诚实，想到自己丈夫不长进，觉得倾家之祸即在目前，很是忧虑。

格姝平日总不让孩子们知道自己的忧虑，但是有一天丈夫回家比平时更晚，她心中焦急之余，不禁当着孩子们哭起来了。

"妈妈，你哭了！"孩子们同声叫着，绕着她，也跟着在哭。她怀里的婴儿，平日总是满面笑容的，也似乎感到了忧愁，望着母亲的脸，一点没有笑容。母亲太痛苦了，大声地号哭起来，孩子们都陪着啜泣。他们正在哭得顶伤心的时候，大门开了，廖泥匠回来了。那时格姝的脸是掩着的，孩子们绕着她，深为母亲的不幸所吸引，谁也没有注意父亲的回来。

"天呀！怎么一回事呢？"他面色灰白地叫道。大家听见叫声，抬头一望，才止住了哭泣。"格姝，你们为什么这样悲愁啊？"他又问道。

"亲爱的丈夫，我的忧虑太重了，你不在家的时候我更苦。"

"格姝，"廖泥匠说道，"我知道你为什么哭了；——我真不是东西！"

她叫孩子们走开，廖泥匠把头伏在她的膝上，默不作声。沉寂的空气中只有那丈夫的啜泣声，因为格姝正在静默做祷告。最后，她才说道："丈夫啊，相信上帝的仁慈，努力为善吧！"

"啊，格姝。"他只能含着泪说出这么几个字。

"鼓起你的勇气,亲爱的,"她又说,"相信天父。我不是有意地要使你着急;你也知道,我是除了面包和清水以外不会问你要别的东西的;我每天很甘心地为着你和孩子们工作,一直做到半夜以后。但是,丈夫,我觉得倘使我不使你知道我的忧虑,我还是对你不住,对亲爱的孩子们不住。我们的孩子现在很亲爱,很孝顺;但是倘使我们不能尽做父母的责任,他们就不会这样的亲爱和孝顺了。倘使我们的孩子一旦因为我们自己的过错而不感激我们,不尊敬我们,你不觉得难过吗!你忍看你的尼哥(Nicholas),你的约南(Jonas),你的丽姐(Lizzie),你的安妮(Annie),无家可归,向陌生的人去要饭吗?那真会把我急死啊!"一面说,一面泪又潸潸下了。

廖纳德也哭了。"啊,格姝,叫我怎么办呢?我使得你伤心,我真难过,但是我也没有办法。我欠了村正亨美尔(Hummel)三十个佛罗灵,倘使我不到他的酒店里去,他就以法律来恐吓我;但是我一去呢,他又把我的工资都拿去了。"

"你不能到州官亚纳（Arner）那里去吗？村里的孤儿寡妇都赞美他，我想他可以替你想办法，来保护你的。"

"格姝，我不敢去！我是一个穷苦的酒徒，怎敢说村正的坏话呢？他有千千万万的方法可以向他的上司毁谤我的！倘使我去申说了而没有效果，你想他会如何报复我啊！"

"但是你不去申说，他也会把你毁了的。丈夫啊！想想你的孩子们，去吧。倘使你不去，我去！"

"我不敢去！但是，格姝，倘使你有勇气，就请你去走一趟，把我所遇到的遭际都告诉给他。"

"我一定去，"她答道。她一晚没有睡，整晚地做着祷告，第二天一早便携着她的一个壮健的婴儿，走了两点钟的路，到州官的旧堡中去。

州官亚纳坐在门前一株菩提树下，看她含着眼泪，抱着婴儿走近来。"你是谁？有什么事情？"他很和气地问她；她鼓着勇气答道："我是格姝，蓬那村中廖纳德泥匠的妻子。"

"你是一个贤淑的妇人，"州官说道，"我早就知道了,你的孩子们的行为比村里别家孩子都好,我虽然听说你家里很穷苦,但是你的孩子养得比别家的好。我有什么事情能够帮你的忙吗?"

"啊,大人,我丈夫欠了村正三十个佛罗灵,已经很久了。我们的村正是个刻薄的人,他用种种方法引诱我的丈夫。我的丈夫已在他的掌握之中了,不敢不到他那酒店里去,一天一天的弄得我的丈夫把应给儿女买面包吃的一点点工资都花完了。我们有七个孩子,若不想个办法,我们便都会变成乞丐。我知道您对于孤儿寡妇都很有同情,所以特地来唐突您,求您帮帮忙。我平日给孩子们存了一点点钱,今天带来了,存到您这里,只求您想个办法,叫亨美尔在我丈夫没有还清债务以前,别再磨难他。"

亚纳端起身边的一只杯子,向格姝说道:"喝了这杯茶吧,把牛乳给你的孩子。"她面红起来,而且受了他的仁爱的感动,泪潸潸下了。

亚纳这才叫她把村正的坏处一一细说了,很用心地听她诉说多年来所受的磨难和忧虑。突然他又问她,她在贫苦之中为什么还能给孩子们积下一点钱来。

"这是积得很苦的啊,大人;但是我总觉得这钱不是我的,好像一个临终的男子托我代他的儿女保管的一样。所以哪怕在很困窘的时候,我不得已而挪用了一点去买面包给大家吃,我也一定要多做一点工,归还了,心里才安静。"

格姝把七只清洁的钱袋放在桌上,每个袋上有一张纸条,上面载明孩子的名字;如果挪用了一点,也记在纸条上,归还的时候也一样。她看见亚纳用心地读着纸条,不好意思地说道:"我该先把这些纸条拿掉啊!"

州官只是微笑着,她对于应得的赞美也不敢受,他真羡慕她的谦逊。他在每个袋里都加进一些钱,说道:"把你孩子的钱带回去吧,格姝;在村正的债没有付清以前,我给你存下三十个佛罗灵好了。现在回去吧;明天我一定到村里来替你解决对付村正的事情。"

"上帝要报答您的!"她讷讷地说着,很快乐地抱着孩子回家去了。廖纳德看见她归来了。"就回来了吗?"他叫道,"你见州官的结果一定很好的。"

"你怎么知道呢?"

"我从你的脸上看得出来,爱妻呀;——你骗不了我。"

从此以后,廖泥匠的孩子早晚做祷告的时候,不独为他们的父母祝福,同时也为亚纳祝福。

第一章 贤妻

第二章　魔降

恶魔出现，遇了他的主子

那天晚上亨美尔到州官那里去请示，州官说道："明天我要亲自到蓬那去，把建筑教堂的事情办妥。"

"您的泥匠头目现在有空吗？"

"不，你们村里另外有一个泥匠，名叫廖纳德，我很想雇用他。为什么你从前不把他向我推荐呢？"

村正恭恭敬敬地行了一个鞠躬，说道："他穷得很，所以您有工作，我都不敢介绍他。"

"他的为人还可靠吗？"

"是，人倒还信得过；他是很诚实的。"

"人家说他的妻子很好；你知道她不多事吗？"

"不多事的；她是一个很沉静勤劳的女子。"

"那好极了；明早九点钟到教堂的院里等我。我到那里和你相会。"

在这段谈话之后不久，村正很用力地敲着廖泥匠小茅屋的门,那时廖纳德和格姝正坐在桌上吃晚餐。廖泥匠听见村正的声音,急忙把食物藏到一边,面色灰白地走去开门。

村正像匹饿狗一样,嗅出了食物的气味,但是假装要好的样子说道:"我的好人儿,你们真舒服;不到酒店里也没有什么关系,是不是,廖纳德。"

廖泥匠低垂双目,默不作声,但是格姝比较勇敢些。"村正先生,你有什么吩咐?"她说,"像我们这样贫苦的人家,居然承你光顾,我真觉得意想不到呢。"

亨美尔耐着脾气,笑道:"真是,我想不到你们有这样丰盛的食物,否则我还会多多来拜访你们呢。"

这一下惹起了格姝的脾气了。"村正!"她叫道,"你嗅着了我们的晚餐,嫉妒我们!一个穷人一年难得吃三次这样的饭,你还要破坏它,不觉得惭愧吗?"

"我倒不是有意的,"亨美尔仍然微笑着。但是接着他就很严重地说道:"你不要太骄了,格姝,穷人是不宜太骄的。你该记得,你们和我还有未了的事情呢，——够了，够了！我平日对你的丈夫总算不错，而且我有证明的。"

"你引诱我的丈夫到酒店里去喝酒，去赌博，害得我和孩子们在家里受罪；那就是你给我们的好处！"

"你错怪了我，格姝。你丈夫确是可怜，我也曾亲自和他这样说过；但是到我店里来要酒食的人，我总得把酒食给他。什么人都是一样的。"

"是的；但是不见得什么人都欺负一个穷人，如果不把债务一年加认一倍，便以诉之法律相恐吓啊。"

村正听了这话，怒气冲冲地向廖纳德说道，"这是你告诉她的吗？你这痞棍！好在清单账目都在我手里。说不定你竟会不认账啊！"

"我倒不会那样想，"廖纳德说道，"格姝不过是望我不要再欠新账罢了。"

亨美尔强自按捺，略为和缓地说道："那倒没有什么大了不得；但是你是一家之主，男子汉，大丈夫，难道怕她把你缚到裙带下面不成？"

"决不会有的事,村正。"格姝说道,"我只有希望他脱离已有的束缚的道理,那就是你的账簿和清单。"

"他只要把账还清,他便自由了。"

"只要他不再加欠,总可以还清的。"

"你太骄了,格姝,——我们看吧!你宁可叫丈夫在家里大吃,不愿他到我店里喝一杯酒!"

"那是下流的话,村正!但是我对于你说的话并不觉得怎样!"

亨美尔不能再受了,愤愤而去,心想格姝为什么这样大胆呢?他回家时已是半夜了,但是他立刻派人去叫廖泥匠的两个邻居;那两个人立即从床上爬起来,应命而去。他仔仔细细地问他们,究竟廖泥匠家里这几天发生过什么事情。可是问来问去,毫无结果;他气极了。"你们这两个狗东西!一点用处也没有!但是你们从亚纳家里偷收整车的木柴,把牲口放到他的牧场上去吃草的时候,却希望我不声张!布勒(Buller)!你的账有三分之一是假造的,但是我没有作声!克鲁尔(Krüel)!你的草地有一半应该是归你的侄子的。——你们都该死!"

克鲁尔的脑筋似乎受了一点刺激,因为他立刻说道:"停一会吧,村正先生!我想我可以帮你一点忙。我刚才想起,格姝今天一早就不在家;今夜我又听见他的女儿丽姐在井边为亚纳祝福,她一定是到过旧堡。而且昨晚他们家里有大声哭泣的声音,今早大家又快活得像百灵鸟一样了。"

亨美尔叫他们回去,嘱咐他们关于当天所见的情形不可声张,如果有什么新的消息,立刻再来报告。第二天早晨他又到廖泥匠家里去,打了招呼之后,说道:"廖纳德,昨晚我们不欢而散,真不应该。今天有个好消息告诉你。我刚才到州官那里去,谈到建筑教堂的事情。他问到了你,我便告诉他,说你做这件工作最够资格;我想他一定会叫你去做的。"

"但是你前几天说过,他不是已和他的泥匠头目弄妥了么?"

"我是那样想,其实我想错了;泥匠头目只估了一个价,他倒还有自知之明。倘使你能根据他的估价，包到这件工作，钱真够你赚的！现在你可知道我到底是不是够做你的朋友了。"

廖泥匠听了那个消息快乐极了，很感激这位村正；但是格姝很明白狡猾的亨美尔又在打算她丈夫的工资了。亨美尔告别的时候说："亚纳在一点钟以内就会到。"丽姐站在父亲的身旁说道："我们昨天就知道了呢。"亨美尔听了很诧异，但是装作没有注意的样子。

那时亚纳到了教堂院中，许多村人正围着看他们的贤明的官长。亨美尔向身旁的几个人问道："你们没有工作做吗？今天是假期吗？为什么都围在这里闲着？"亚纳听见了大声说道："村正，我很愿意我的子民都到这里，来听我说明建筑教堂的计划；你为什么倒要赶他们走呢？"村正鞠躬至地，向大家说道："转来吧，他老人家让你们在这里哟。"

亚纳问村正看见过建筑的估价没有，问他廖纳德是不是能按估价修得好，修得结实。"是呀，大人，"亨美尔答道，他又低声说道："我想他住在村里，造价还可以略低一点呢。"

但是亚纳大声说道:"我给他的造价一定还是照给泥匠头目的一样。去叫他来,把库里面应该给泥匠头目的东西都点交给他。"

送信的人不久便回来了,村正看见廖泥匠自己没有来,同来的是他的妻子,脸都白了。

"村正先生,你怎么样了?"亚纳问道。

"没有什么,大人;我昨晚没有睡得好,此外没有什么。"

"看你的样子,好像根本没有睡呢,"亚纳盯着他的发赤的眼睛说道。再回头招呼格姝问道:"你丈夫没有来吗?但亦无妨,你可以告诉他,叫他来见我。我打算把教堂交给他去造。"

格姝站着不作声,人太多了,她羞得说不出话来。"你为什么不作声呢?格姝,"亚纳说道,"我把教堂给你丈夫去建筑,条件是和泥匠头目说定的一样;我想你一定高兴吧。"

格姝鼓着勇气,嗫嚅道:"和您说,教堂离酒店太近了!"

在场的人都笑了,亨美尔怒气冲冲地向格姝说道:"你和我的酒店有什么仇?"

州官插嘴道:"请别说了,村正,这与你有什么关系?"他回头叫廖泥匠妻子说明她的意思。

"和您说,我的丈夫极容易被人引诱去喝酒,倘使他在酒店附近做工,我怕他抵不住那种引诱。做工做得口渴了,面前的人又时时在喝酒赌博,嬲着他加入,他哪能不听呢!假如我丈夫再要欠债,那他就完了。啊!大人,您哪里知道,一个人在这种地方只要过了一夜,他就会沦为奴隶,永难脱身呢!"

"我都明白了,格姝,我要让大家都知道:我是决不肯让穷苦的人受人压迫的。"他回头注视村正,问道:"你真的把穷人引诱到店里,然后施以欺骗与压迫吗?"

亨美尔面如死灰,嗫嚅地答道:"没有的事,大人!一个人救了乞丐倒被反噬啊!"

"但是我问你,她的话是不是捏造的?"

"是的,是捏造的,大人!我有许多方法可以证明她的话是捏造的!"

"一个就够了,村正。但是你要当心!昨天你还说过格姝是个勤劳的女子,从来不多事的!"

亨美尔听了心慌得很,几乎说不出话来。亚纳回头问站在面前的两个老头子:"好邻居,你们的酒店真是压迫人,毁害人吗?"

两个人面面相觑,说不出话。"不要怕,——老实告诉我吧。"

"是真的,大人!但是我们怎么敢触犯村正先生呢?"较老的一个说,声音低得只有亚纳听得见。

"这就够了,"亚纳又回头望着亨美尔说,"这个问题今天我且不管。但是我已决心保护我的人民,不让他们遭受任何压迫,并且我早已想过:做村正的人是不应该开酒店的。这件事到礼拜一再说吧。——格姝,叫你的丈夫来见我,酒店的问题不必放在心里。"

第三章　设阱

村农们的聚谈和恶棍们的阴谋

亨美尔那天直到晚上才回家去。他家里平时是满室通明、喧嚣狂饮的，这天竟黑漆一团，杳无声息；他不禁吃了一惊。赶紧奔进屋去一看，竟一个人也没有，只看见妻子坐在屋角落里啜泣。"丈夫，是你吗？"她叫道，"我们真倒霉！我们的仇敌都很开心了，村里再没有一个人敢到我们这里来喝酒了。"

亨美尔几乎气疯了，打了大半夜的主意，想怎样去报复弄成这次事变的主谋人。但是第二天早晨他却故意装作若无其事的样子，开了窗门，在窗口快乐地呼啸着。邻居佛利慈（Fritz）叫他道："你这样高兴，难道一早就有了主顾吗？"

"啊，他们不久就会来的。你来喝一杯祝我的健康好吗？"——端着一杯白兰地，伸到窗外。

"现在时间太早了一点,我要等有了伴再来。"

"你总是这样的。但是你不要以为昨天的事情就会那样糟。鸟儿飞去了没有不再飞回来的!"

"那我不知道,"佛利慈说道,"我意想中所有的鸟已经飞够了。但是我们所说的也许不是同一只鸟。喂!他们叫我去吃早餐了,"——一面说,一面关了窗户,使得亨美尔很不痛快。

一会儿亨美尔怀着一个主意到理发店去了。他在路上碰着施比兹(Nickel Spitz)向他招呼道:"村正先生,你穿着礼拜日的衣服到什么地方去呢?"

"到理发店去。"

"真奇怪,礼拜六早晨你都有空!"

"是呀,我并不是一年到头都有空的;跟我来吧,——说不定有酒喝或有别种趣事呢。"

"我想你是找理发师去算账的,看他是不是在自己家里喝酒!"施比兹叫道。

"我倒还不至于那样自私自利。真是,他们说要撤销我那卖酒的执照;但是,施比兹,一时还不会实现的。"

"你说的大概不错。但是你的新上司和他祖父的信仰不一样,在你真是一件不幸的事。我怀疑他们祖孙的十二条信条没有一样是相同的!"

"真是,"亨美尔说道,"但是我宁可赞成老上司的信仰。"

"我也是这样想。他的第一条信条是:我信任你,我的亨美尔!"

"好极了!第二条呢?"

"我怎么知道?也许是这样:除了你亨美尔以外,什么人的话我都不相信。"

"真的,施比兹,你应该是个牧师!你若是个牧师,不早就另行编定了一本新的《教义问答》吗!"

"但是他们不会让我做的。我若编《教义问答》,一定做得明白易晓,连孩子们都不必再要牧师讲解就懂得了,那样一来,根本就用不着牧师了。"

"《教义问答》和一切事情一样,施比兹,最好是相信旧的,改动对于我们没有好处。至于我自己,我倒并不十分怕这位新上司。"

"但是自从去年他的祖父葬送了,你的运气也就跟着葬送了呢。"

"是呀，施比兹，但是无论如何，我已经走了一步运。"

"你的运确是走过了。教堂里的执事、差役、宣教师全都欠你的钱。"

"傻瓜！你自以为知道得多，其实并不见得。"

"我所知道的还不止此咧！我知道你对鲁迪父亲弄的什么鬼。律师在他家里的时候，你伏在他家窗前狗窝旁的草上窃听。你在那里一直听到早上两点钟，听够了，便托书记把证据改了。"

"你说的话绝对不确！"

"绝对不确？我告诉你，倘使书记不在法庭上把证据改了，现在草地便还是鲁迪的，魏斯特（Wust）和卡巴赫（Kaibacher）也不必宣伪誓了。"

"无论如何，我是胜诉了，"亨美尔答道，"我不愿意你知道我败了诉。"

"啊，是呀，我早知道你胜诉了，而且知道你是怎样胜的！"施比兹说了，突然告别而去。

亨美尔走进理发店，那里早已到了许多邻人，他一变往常的态度，先客客气气地向大家打了招呼，然后就座；但是农人们却还不如素日的服从，对他显然表示不敢信托的样子。他看见风头不对，立即打发一个小孩子回家取了一些酒来，并且把自己的装得满满的烟袋也放在桌上。一会儿起了一阵浓烟，酒杯叮当地响着，大家对于村正先生的恶意早已化为乌有了。原来亨美尔事先已经叫他的妻子把硫黄掺入酒里，自己喝的却是一杯着色的水，他等着农人们喝得酒酣耳热了，便很巧妙地把大家的谈锋转到人民的权利问题上面去，暗示如果州官收回了酒店的执照，酒价就会大涨。

大家正在愤慨万分的时候，有一个喝得半醉的农人把亨美尔肘旁的酒瓶碰倒了，理发店里的狗跑上去舔着泼在地上的着色水。这一来引起了农人们的惊异，才把这位村正先生的诡计揭穿了；当时大家齐声鼓噪，弄得理发师只好下了逐客令。亨美尔气极了，请大家到自己家里去，可是去的只有两三个游手好闲的饭桶。他立刻打发内中一个去找廖泥匠的徒弟约瑟（Joseph），一会儿约瑟便到了。

"你好，约瑟！"村正说，"你的师父知道你到这里来吗？"

"他到堡中去了，要中午才能回来。只要我在一点钟的时候能够回去做工，他便什么都不知道了。"

"那很好，"——亨美尔说着，带他到隔壁房里，把门闩上。桌上有猪肉、腊肠、面包和酒。"来吧，约瑟，"主人说，"喝一杯，试试这腊肠。不要客气！你在你的师父那里苦够了吧！"

"是呀，不过他现在有工做了，以后也许会好一点。"

"约瑟，你真傻！你想他的工可以做多久？他从来没有包过大工程，这回的事他一定做不好的。他全靠你，所以我也有件事情要请你帮帮忙。"

"请吩咐吧，村正先生。我喝一杯祝贺你！"

亨美尔又请他吃了腊肠，才接着说道："我很希望教堂的地基能采用石文地（Schwendi）的石头。"

"那不行，村正先生！你真是说的什么话。石文地的石头是绝对不能用的。"

"啊，我倒不觉得那样坏；我看见这种石头作过许多用途。约瑟，倘使你能设法采用这种石头，我就很感激你！"

"但是采用这种石头做墙，只要六年工夫就会腐烂的。"

"那有什么关系！就是能维持到十年，于你又有什么关系？照我的意思去做吧！于你是有好处的啊。"

"但是倘使亚纳知道这种石头全不适用，又怎么办？他对于许多事情比你所想象的知道得多呢。"

"呸！他一定不会知道的。帮帮我的忙吧，倘使你师父肯采用这种石头，我便送你五个泰牢。"

生意讲成功了，亨美尔又说道："还有一件事，约瑟。我从药房里买了一小袋药粉，据说和石灰混作一起，拿来粉墙，可以使墙上的粉结得像铁一样。但是我想先在别的建筑上试试，然后自己再用。"

"好吧！我给你先在邻家的墙角上试一试。"

"那不行，约瑟；那决试不出来的。我想在教堂的尖顶上试试。办得到吗？"

"要放很多到石灰里面吗？"这位泥匠的徒弟

问道。

"我想每桶石灰里面加上两磅就够了。"

"那很容易。"

"那么你肯试一试吗?"

"当然肯的。"

"倘使失败了,你不会说出去吗?"

"当然不会的。"

"好,要用的时候再来拿药粉吧。让我们再喝一杯酒来庆祝交易的成功。"

"好的,村正先生。祝你健康,多谢了!"约瑟痛饮了一杯说道。

第四章　佳讯

家庭里的快乐

同时格姝正在忙着礼拜六的工作,想在廖纳德从堡中回家以前把一切事情都布置好。她一面给孩子们梳头,缝补衣服,整理房间,一面教孩子们唱一个歌预备欢迎他们的父亲。廖泥匠一进了门,他的妻儿子女都同声唱道:

> 娟娟和平神,来自彼穹苍。
> 排忧解百苦,犹如止痛方。
> 一切失望者,胥以此疗疾。
> 吾亦倦欲休,来居吾胸臆。

"上帝保佑你们!"廖纳德含泪叫道。

"亲爱的丈夫,"格姝说道,"只要我们求宁静,行好事,清心寡欲,地面就可以变成天堂啊。"

"倘使我曾享受了这个地上的天堂，那便是你的功劳！你救了我，我是毕生都要感激你的，孩子们也是一样——孩子们，你们都要做好事，要照母亲的榜样；那么，你们的前程便很远大。"

"你今天似乎很快乐，"格姝突然说道。

"我和州官见面的结果很好。你想我去见他的时候，多么孩子气啊！"

"凡事总是事后才聪明的。现在请你统统告诉我吧。"她一面手拿着毛线织起来。

"但是，我的爱妻，今天是礼拜六，你没有工夫听完我的话的呢。"

"你向各方面看看吧，"格姝微笑道。

"妈妈很赶紧地布置好了，爸爸，"丽姐说，"安妮和我帮妈妈布置的。"

"现在就说吧！"格姝求他。

"好，今天这位州官连我父亲的名字都问到了，又问我住在哪条街上，几号门牌。"

"我比你知道得还多，廖！他决不是开口便问到这些事情的。"

"为什么不是呀,你这聪明的小妇人!"

"一定是你先招呼他,他再向你道谢。都告诉我吧!"

"你这怪婆娘!你说得很对;我刚才并不是从头说起的。他首先问我是不是还怕他。我行了一个顶恭敬的鞠躬,说,'大人,请您原谅我!'他就笑起来了,把一壶酒放在我的面前。"

"这个开场白便大不相同了!我敢保证你不久就把酒喝了。"

"你猜错了,妻。我像个年轻的新娘子一样,害羞得很,动亦不敢动。等到他叫我把酒倒出来时,我才喝着祝他的健康,不过他的眼睛老是盯着我,使得杯子在我手里发抖。"

"那是你的良心在责怪你,传到了你的手指头,廖!但是你不久就复了原吧,我想?"

"是呀,不久就复原了。他很和气地对我说,'凡是做工做得太辛苦了,喝一杯酒,本亦是人情之常,没有什么关系;但是一旦喝入了迷,不顾自己的家庭和前途,那就是不幸。'妻,这番话句句都刺进我的心。他又说，穷人一旦遇到困难，他们往往反而受那些应该远避的人的束缚。对于愿意予以帮助的人，倒想不到，而且亦没有勇气去告诉他们，这亦是一件很不幸的事。'廖泥匠，'他说，'你想想吧，倘使你的妻子常识不比你多，勇气不比你足，你的苦况还堪设想吗？'"

"他说这些话，"格姝说道，"是在问我们门牌的号数以前吗？你真坏，你竟想不告诉我！"

"我觉得最好是不告诉你，因为你自觉有勇气，将来难免过于自负呢！"

"我的好先生，你竟这样想吗？好，我确相信自己会以此而终身自负的。州官后来还说些什么呢？"

"啊，他把建筑教堂的事情来考验我。什么琐碎的费用都要我算出来，甚至搬运石灰和沙石也要我计算。"

"我希望你没有算错。"

"没有，这次没有错，我的爱人。你猜他预付我多少钱？"他把衣袋里的钱弄得叮叮响起来。"我们好久没有听见这种钱声了！"格姝叹道。

"别叹息吧,爱妻!我们以后一定要勤俭些,省吃省用,再不会这样受苦了。"

"是呀,上帝帮助了我们,"她喃喃地说。

"上帝还帮助了村里别的许多人。请你想想看,他还选了十个做父亲的人去做散工,每天给他们每人二十五个克鲁曹的工钱。他问他们各有几个孩子,做的是什么行业,然后挑定了十个境况最坏、孩子最年幼的。他还问我有无和我处境同样困难的人,我提了鲁迪的名字;他亦准可得到一年的工作了。"

"你做得很对,以后可以免得鲁迪因偷你的白薯而心里难过了。"

"我是决不会欺压穷人的,妻,——而且他们的境况是这样的坏。前几天,我曾看见鲁迪在我们的薯箱前面徘徊着,当时我假装没有看见他。他真穷极了,我们总还有点饭吃。"

"那都很好,亲爱的丈夫,但是偷窃断不能解除人的困苦,而且犯了窃盗罪反要加倍受苦。"

"对呀;但是人到饿极时,看见面前有食物,知道箱里的食物有多少一定要腐烂,知道人家的牛马亦都有足够的食物，格姝！要他不动手去偷，那真要点毅力呢！"

"确是不容易；但是穷人应该做到这一步，否则他便要加倍受苦。但是，廖，你留心工人们在做工吗？我忘记告诉你了，约瑟今天又偷偷地跑到酒店里去了。"

"真可恼！一定是亨美尔叫他去的，我回家时，在路上停下来和工人们谈了一会儿。倘使他是刚从酒店里出来的话，那么他所说的一切真使我不放心呢。"

"他说什么？"

"他说教堂的墙最好用石文地的石头；我告诉他附近的燧石好些，他反说我是个傻瓜，连自己的利益都不知道。但是石文地的石头既不坚实，又多沙质，完全不适用的。倘使他和亨美尔鬼混在一起，后面一定还有把戏呢。也许是个陷阱啊！"

"当心约瑟，他是靠不住的，"格姝警告他道。

"他们要害我，没有这样容易！州官不要沙石做基础：他说墙下有粪堆，有畜栏的污水，沙石会被硝石腐蚀的。他真了不得，什么事都懂！我们正在谈话的时候，有一位贵族要见他，我想不去耽误他的公事，等下次再去。他却笑道：'不，廖泥匠，我做一件事，必得做完，这个人没有见完便不见第二个人。你从前便是这样心神不定，有一点别的小事情发生，便把正事丢开了。'我听了只得傻头傻脑地搔着耳朵，妻，我真后悔不该多嘴呢。"

"他说的话并不算错呢，"格姝笑道。

第四章　佳讯

第五章　噩耗

一个善女人的临终

廖纳德离开旧堡之后，州官立刻派了一个信差，把工人的名单送给村正，叫他代为通知。从前亚纳给他的信都是写的"此致公正贤明的，我那在蓬那的亲爱忠心的亨美尔村正"。但是这次的信却只简简单单地写着"此致蓬那村亨美尔村正"。

"那个混蛋的秘书为什么不把我的正当称呼写下来！"亨美尔咆哮道。

"当心点，亨美尔！"那位送信的佛令克（Flink）叫道，"这是我们的主子亲自写的！"

"没有的事！那扑粉的穷秘书，他写的字我还不认识吗？"

"越讲越远了，村正先生；亚纳写信的时候，我在他身旁，我亲眼看见他写的。"

"呀！那我就该死，太冒犯了，佛令克！别记在心里,进来喝一杯酒吧!"

信差走了之后,亨美尔一看名单,自言自语地说道:"他们压根儿都是些饭桶,都是些叫花子,——除了米舍尔以外,没有一个是我的人。而我今天却要一个一个地去通告他们!好!他们下礼拜一大家一起到堡中去谢谢他们的恩人。这些人亚纳一个也不认识,那时站在他前面的全都鹑衣百结,这个没有鞋,那个没有帽,岂不是一个大笑话吗?"

他计划着通知的次第,决定先去找鲁迪(Hubel-Rudy)。把鲁迪弄妥当了,再找别人。因为他自从非法地夺得鲁迪父亲的草地以后,就不敢走近鲁迪的家门了。那时鲁迪正和孩子们坐着。他的妻子死了不过三个月,现在他的母亲又病在草床上,快死了。"今天下午给我拾些树叶做被吧,——我真冷呵!"她无力地向她的儿子说。

"好的,母亲,火一熄了我就去。"

"你还有木柴吗?我只怕没有了,因为你得守着我和孩子们,没有工夫去拾啊。啊,鲁迪,我活在世上,真累了你!"

"别那么说,母亲,别那么说!你并没有累我!只要我有能力供养你就好了!你又饿、又渴、又病,而我又这样的没出息,什么都不能帮你。"

"别那么着急,鲁迪。上帝不久就会解除我的痛苦的。我们离死愈近,我们对于人世的需要就愈少了。"

"但是,母亲,"他哭了,"你难道觉得自己不会好了吗?"

"鲁迪,我知道我的病不会好了。但是不用着急,孩子!我年轻时得到你的愉快,年老时得到你的安慰。我给你向上帝祈福,你是总有好结果的一天的。"

"我的亲爱的,亲爱的母亲啊!"他只能说出这么一句话了。

"鲁迪,"她突然又说,"我在将死以前还有一件挂在心上的事。昨天我看见我们的小鲁迪躲在我的床后,从口袋里拿出烤白薯来吃。他还分了一些给别的孩子,大家偷偷摸摸地在吃。鲁迪,那些白薯一定不是我们自己的,否则他一定会和平时一样,分一点给我的。他平日手里拿些东西跑来送给我，总是很亲密的样子，大声叫着：'你也吃点吧，祖母！'我真高兴。鲁迪，你想想，这样一个可爱的小孩子竟变成了偷儿！叫他到我这里来吧！"

那孩子走近她的床边，她挣扎起身，手握着他的手儿。孩子呜呜地哭起来了。"祖母！你要什么？你别死啊，祖母。"

"孩子，我不久就要死了。"她断断续续地答道。她因为用力太大，又倒回床上去了。

"我要和你一道死，祖母！"那小东西哭着说。

"不，我的鲁迪；上帝还要你再活许多年；将来你父亲衰老时，你得帮助他，安慰他。答应我，好孩子，你要照你父亲的样子，长成一个好人。"

"是，祖母，我答应你。"

"好孩子，我现在要到上帝那里去了，上帝是能烛照我们的一切行动的，我们答应别人的话他都听得见。你知道吗？"

"是的，祖母。"

"那么，你昨天为什么躲在我的床后吃着偷来的白薯呢?"

"啊,祖母,原谅我吧!我再不,再不这样了!"

"你从哪里偷来的呢?"

"从廖泥匠那里,"孩子泣道。

"你得到廖泥匠那里去,求他饶恕你;将来哪怕饿了,也要信赖上帝,不可偷窃。"

"不会了,祖母,我再不偷了,哪怕肚子饿了亦不再偷了。"

"那么,愿上帝保佑你,呵护你,我的好孩子!"她把他的头压着自己的胸口说道,"但是你现在得到廖泥匠家里去,——我的儿子,你也跟他一道去,告诉他们,说我也求他们的饶恕,恨不能把白薯奉还。我深知他们所有的东西,只够他们自己吃的。倘使格姝不日日夜夜地勤劳,他们这样一个大家庭,就要不够吃;我想起了真难过。鲁迪,我知道你会给他们做一两天工,作为赔偿的。"

"我极愿意的,母亲。"

这时窗外忽然有人敲门,那位病在床上的妇人听出了亨美尔的咳声。"天呀!"她叫道,"这是村正先生呀！我怕你给我做羹用的面包和乳酪都还没有付钱呢！"

"别着急，母亲！我会给他做工，秋收时我会给他收割，"——鲁迪说着，跑了出去。

那位老妇人叹着气，喃喃自语道："自从为草地发生讼事以后，我见了他的面就伤心。他现在又要站在我的窗下，来增加我临死的痛苦！这是上帝的意思，我得彻底原谅他，为他的灵魂祈祷，我一定给他祈福。"她又听见亨美尔在外面大声地说话，她不禁叫道："天呀！他又发脾气了！"其时亨美尔的声音又传入她的耳鼓，她就晕过去了。小鲁迪跑到门口，叫道："快来，爸爸，快来！祖母脱气了！"

"上帝呀！"鲁迪叫道，"村正先生，我得进去了。"

"当然得进去！"亨美尔喃喃说道，"那老鬼婆终于死了，真是一个大损失！"

但是鲁迪没有听见，因为他已经三步当作两步地奔进房里去了。那临死的老妇人不久又醒了过来，张开眼睛便问道："他发了脾气吗，鲁迪？我知道他不会等的，他又一定以诉之法律来威胁你了。"

"不是的，母亲，他是来报告好消息的；他告诉我，说州官要造教堂，派我做一名散工，每天可得二十五个克鲁曹。"

"真的吗？那我就死也快活了。伟大的上帝啊，您真仁慈！"说到这里，她的呼吸开始发生困难了，她向忧急的儿子告别，鼓励他，劝慰他，亲他的额，祝福他，又叫他告诉亨美尔，说她已原谅他了。然后她叫正在哭泣着的孩子们都走近床边，安慰他们，教训他们，把自己的两本圣经和祷告书留给他们作纪念。

她说完以后，孩子们和鲁迪跪在地上，做祷告，后来鲁迪站起来说道："母亲，我现在就去拾些树叶来给你做被。"

"那倒不用着急。"她答道，"房里现在暖和了些，你得和孩子们到廖泥匠家里去。"

他们到廖泥匠家里的时候，只有格姝一个人在家。格姝看见他们父子都是满眶眼泪。"什么事，鲁迪你们为什么都在哭？"她很和气地握着孩子的手。

"唉，格姝，我真对你们不起，"鲁迪答道，"小鲁迪因为饿了，几次从你们的货仓里偷了白薯。宽恕我们吧，格姝！这是他的祖母昨天发觉出来的，他已经承认了。我的母亲病在床上快死了，刚才向我们告别；并也求你的原谅。"

"别说了，鲁迪。——你，小朋友，也来吧，答应我，下次再不要偷别人的东西了。倘使你饿了，尽可到我这里求；只要有，我总会给你一点东西的。"她俯身吻了那孩子，又说道，"你有一个亲爱的、慈善的祖母；你长大了也应该像她那样虔敬正直！"

"饶恕我吧！"那孩子恳求道，"我再不偷别人的东西了。"

"谢谢上帝，我现在有工作做了，"他的父亲接口说，"我愿他此后再不致因受饿而偷窃了。"

格姝只说道："亚纳选定你去做工，我们夫妇两人都很高兴啊。"

"我真高兴，"鲁迪叫道，"我的母亲还能够听见这个好消息。请告诉你的丈夫，我给他做工一定早到迟退，并愿他把白薯的钱从我的工资里扣去。"

"别瞎说了，鲁迪！我的丈夫不会做这种事的。谢谢上天，我们现在的境况因为得到造教堂的工作，比以前好多了。"她一面讲，一面给孩子的口袋塞满了干果，又帮鲁迪拾些树叶，然后亲自送他们回到他们的家里。她握着鲁迪母亲的手，眼看这位老妇人不久就要因贫病而死，不免眼泪盈眶。

"你在哭吗，格姝？"鲁迪的母亲说，"应哭的是我们啊！你已宽宥了我们吗？"

"别说了，老太太！我只恨你在病中，不能多帮你的忙啊！"

"你是好人，格姝；不过不久上帝就要帮助我了。我的小鲁迪，她已经饶恕了你吗？"

"是呀，祖母；你看她多好！"——他把口袋里的干果张扬着。

"我想睡了，"病人喃喃地说，"我的眼睛花了。格姝，我有点事情想恳求你，但我又不敢。这个可怜的孩子偷了你的东西；我想恳求你，格姝——当——我死了的时候——这些可怜的、没有母亲的孩子，——望你——望你"——她说到这里，她的眼睛已经闭拢来了，在几分钟之后，她就呷下了最后的一口气。

格姝极力安慰那位可怜的鲁迪，鲁迪没有听清母亲的最后几句话，她给他重说了一遍。"啊，格姝，我的母亲真太好了！告诉我，你不会忘记她那临终的愿望吗？"

"倘使我忘记了，那么我的心是石造的了！我一定会尽我的力量照顾你的孩子们的啊。"她吻吻小鲁迪和别的孩子，料理一下死者的遗体，把一切不容迟缓的事都做完了才回家去。

第五章 噩耗

第六章 群棍

忏悔、伪善、恶毒和虚骄

亨美尔继续往各家去通知,所到的人家各自有一番不同的款待。人人都以他的拜访为异,有的还暗暗怀疑。但一旦知道了他的来意还好,却又不胜快乐感激之至。亨美尔在路上无意中遇见了魏斯特。"你在这里吗,魏斯特?"他叫道,"你借了我的钱就忘记了吗?"

"我现在没有钱,我一想到欠你的钱,我就觉得所偿已多了呢。"

"瞎说,魏斯特!我告诉你,你宣的誓只是我向你大声说过百十次的,——你每次都说:'啊,是的,我能那样宣誓!'你之所以那样说法,只是因为欠了我的钱,所以我得让你多等一会儿。"

"不对,村正先生,你错了。倘使我有钱,我早已抛在你的脚下了,免得再看你的面色。我也曾用你的看法去看那件事情，但是我心里明白：我们上帝的看法是不一样的。"

"他的看法不一样与你有什么关系？你宣的誓并不是不对的。"

"不对，村正先生，这是一种卑鄙的欺骗！可怜的鲁迪！我无论到什么地方总看见他和他那可怜的、病容满面的孩子们在我的面前；在我没有宣那个伪誓，强占他的草地以前，他们原是很健康很美丽的啊！"

"但是你并没有说草地不是他的，也没有说草地是我的。你真是见鬼！草地应该属谁与你有什么相干？"

"草地属谁与我原不相干，可是我宣了伪誓，却与我有关系了。上帝赦宥我啊！"

"但是我告诉你，魏斯特，你并没有宣什么伪誓。不要再去空想了，进来喝一杯酒，大家快乐快乐吧！"

"不，村正先生。现在世界上再没有什么事情可以使我快乐了。"

"瞎说！瞧，这是你的债券，当你撕毁就是。什么事都由我负责。"

"你负你的责吧！但是到了后天，我便把礼拜日穿的衣服卖了，还你的债。"

"别这样傻了，魏斯特！现在我要走了。"

"谢天谢地！倘使你再站在这里，我真要疯了！"

他们分了手，亨美尔心里很不好过，到克利喜（Kriecher）家里去。克利喜是个假装信神的伪君子，凡是有人宣教，教堂里有什么典礼，他无不到场，尤其是喜欢巴结村里真正信神的人，不过因为他又不愿失欢于别的村人，巴结的结果也不算顶好。至于他的私德是只有在家庭里面才表现出来的，总是使得妻子儿女受罪而已。家里穷得不堪，可是他总得要吃好的，否则便遇事吹求，弄得大家都不得安宁。倘使没有什么错处可寻，而他那四岁的小孩子刚刚眼巴巴望着他的时候，他便用力打他的小手，说："教你懂点规矩。"有一次他的妻子对他敲打小孩子看不过去，说了一句："你为何这样傻！"他便一脚踢去，把妻子踢倒在地，头上受了两处重伤。

这个伪君子怕闹出笑话，有伤自己的名誉，便跪了下去，求妻子勿要声张。那可怜的妇人答应了，告诉邻人，只说自己跌了一跤；但是她的伤还没有全好，克利喜又把前事都忘了。

在亨美尔来访的一刻钟以前，一只猫把火炉上的油灯弄倒了，泼掉了几滴油。"蠢东西！连一只猫都不好好地教训！"他狂怒着向他的妻子叫，"现在你可以坐在黑暗中，用牛屎引火了吧！你这畜生！"那妇人一声也不敢响，但是眼泪早已流到了面颊，孩子们也坐在角落里哭泣。外面忽然有人敲门了，"别作声！"克利喜威吓他们道。他赶快用自己的手巾给孩子们拭去眼泪，并说，谁敢再哭就把谁砍死。然后开了门，深深地向亨美尔一鞠躬。亨美尔很简单地把来意说明。克利喜用心听着屋里没有声音了，他才答道："请进来，村正先生！我要把这个好消息赶紧告诉我的亲爱的妻子呢！"

他们走进屋子之后，这位伪君子报告这个好消息给他的妻子。"谢谢上帝！"那可怜的妇人不得已地这样说。

"你的妻子有什么事吗?"亨美尔问道。

"不瞒你说,她这几天身体上有点不舒服。"克利喜答道,同时怒目向着那妇人。"但是,村正先生,我想请你费神代我谢谢州官大人的恩惠。"

"你自己去谢他吧!"

"是的,村正先生。我请你费神代谢,本是太唐突了。我一两天以内就到堡里去,——我觉得理当去走一趟。"

"其余的人都定下礼拜一早晨去,你也可以一道去吧。"

"我当然要去的。谢谢你了,村正先生。"

"你倒不必谢我。"亨美尔说了就走。他一会儿找着了米舍尔;米舍尔原是个和亨美尔一般心肠的无赖,开口就说道:"你这个鬼现在又做什么了?"

"做着有趣的事呢。"亨美尔答道。

"你真是一个有趣的人,应该被派出去请客赴婚宴、跳舞以及一切宴会的事情啊!"

"但是无论如何,我的使命并不怎样讨厌咧。"

"什么使命呢?"

"你有新的伙伴了。"

"哪些人?"

"鲁迪、刘克、李满、克利喜、马克思,还有别的几个。"

"瞎说!我和他们打伙儿干什么呢?"

"建筑并装修蓬那的教堂。"

"当真的吗?"

"当真的。"

"但是这许多跛子是谁选定的呢?"

"我们那高贵的、贤明的、尊严的州官亚纳先生。"

"难道他是个傻子吗?"

"谁知道?"

"像是个傻子。"

"他是个傻子也不算坏!现在我要走了。米舍尔,今晚请到我的家里来;我有话和你说。"

亨美尔接着就到马克思家里。马克思原先是个小康的商人,财产早已拍卖完了;现在纯靠牧师和几个阔亲戚的布施过活。他虽然很穷,可是仍旧保存着一副骄气;除了资助他的人以外,谁也不知道他的穷困。他看见亨美尔,吃了一大惊,赶紧把散乱的破烂衣服往床褥下乱塞,吩咐那些差不多全身赤裸的孩子们赶紧藏到隔壁那间房里去。

"但是,爸爸!"他们叫道,"外面下雪,雨点都落到房里来了!你听,外面多大的风,房里又没有窗户。"

"赶紧走开!可恶的东西!真把我气疯了!难道你们觉得自己的身体不要锻炼锻炼吗?"——他把小孩子推进隔壁房中去,扣上门,然后请亨美尔进来。

亨美尔把来意说明了,马克思说道:"要我做这些工人的管事吗?"

"亏你想得好,马克思!你和其他的人一样,也是个工人,做不做随你的便。"

"这种事情我向来没有担任过,不过既是帮州官和牧师的忙,我也不好意思不干。"

"我想他们一定觉得非常荣幸的,亚纳或者会叫我再来向你道谢呢!"

"我倒不是那个意思;但是大体说来,我是不愿意给任何人做散工的。"

"那么你的面包并不缺乏了。"亨美尔说。

"谢谢上帝！倒还从来没有缺乏过。"

"我也这样想。但是你的孩子们哪里去了呢？"

"同我的贤妻的姊妹在一起；在她家里用餐。"

"我觉得隔壁房里好像有孩子的哭声呢。"

"他们一个都不在家里。"

但是亨美尔又听见了哭声，他毫不客气地开了房门，只见孩子们差不多全身赤裸着，牙齿震得发响，在那里冻得发抖，因为外面的大风把雨雪吹进了那间半塌的房里。"你的孩子就在这里用餐吗，马克思？"他问道。

"求求你，村正先生，千万别告诉别人！倘使给别人知道了，我才是天下最受罪的人呢！"

"马克思，你疯了吗？为什么不叫他们出来？你瞧，他们冻青了呢！我待我的狗都不会这样啊！"

"好，孩子们，出来吧！但是，村正先生，求求你，千万别告诉别人！"

"你这邪教徒！你在牧师面前装圣人！上礼拜把闹事情形告诉他的就是你！——一定是你，没有别人！你十二点的时候，赴了什么圣宴吧，从我屋门前经过。"

"不是，决不是我，村正先生，那不是我！倘使我说了，我就会死在这里！"

"马克思，你刚才所说的话能够当着牧师和我的面说吗？"马克思有点手足无措了。"像你这种畜牲，说谎的人，我就没有看见过！"亨美尔说。不到一个钟头，他就把整个的故事告诉了牧师的厨工，厨工答应转告牧师。亨美尔料想牧师一定不会每礼拜再救济他了，心里很是痛快；但是他想错了，牧师所以要给他面包，不是因为他的道德，乃是因为他的饥饿。

第七章　鹬蚌

恶棍们的钩心斗角

亨美尔照着名单，走遍各家，天已黑了。他回家时，看见店中桌子上照常挤满了酗酒的、无所事事的农人们。"好朋友，"他很高兴地叫道，"你们还肯光临，真够做我的朋友啊！"

"我们还要仰仗你呢！"他们人声鼎沸地拿起杯子饮着祝他健康。吵闹的声音太大了，亨美尔赶紧叫妻子关了窗门，熄了临街的灯火；然后大家把一切东西搬到后房，使得街上过路的人听不出里面的声响。

米舍尔来了，亨美尔坐到他身旁的空位上，拍着他的肩头，说道："你还是一个恶人吗？我们的屠户要给教堂的工役每天中午打一次钟，打一个礼拜，他便变成很神圣的了；自从他们请你造教堂墙壁以后，我以为你也像他一样变成圣人了呢！"

"没有呢，村正先生，我没有那样变得快；但是我一旦变好起来了，我是不会半途而废的啊。"

"那么，米舍尔，我就做你的忏悔牧师吧。"

"但是我不要。"

"为什么？"

"因为你反而会用你的粉笔加倍记下我的罪过，我要的牧师是要能够给我消罪，能赦免我的，不是把我的罪过记下来的。"

"我也像别人一样，常常能够给人消罪的，"亨美尔说着，一面示意米舍尔移到屋角一张小桌上，低声说道，"你来得运气正好！"

"我正需要运气呢。"米舍尔答道。

"好的，只要你不怕麻烦，你的新位置就可以赚不少的钱呀。"

"怎么样？"

"你先得结好于廖泥匠，作出一副又饿又穷的神气。"

"那倒还不必做作。"

"你还得常常把自己的晚餐让给你的孩子们吃，使人家相信你的心肠软，软得像溶化了的牛酪一样；

你的孩子们也得赤着脚，穿着破衣服跟在你后面跑。"

"这也不难办。"

"等到他顶喜欢你的时候，你的真正工作便要开始了：你要尽力去破坏那教堂的建筑，挑拨工人和当局的感情。"

"这却不很容易了。"农人踌躇地说道。

"但是你有钱赚呀！"

"村正先生，请先付我两个泰牢！否则我不干！"

亨美尔起初不肯，后来没有办法终于答应了，米舍尔就表示愿意听他的指挥。

"我想你可以在随便哪一天晚上，把建筑的木架子一下推倒，再一拳把教堂的窗户打破两三个；自然，绳子、工具以及种种零碎行头都得神不知鬼不觉地隐藏起来。"

"当然的。"米舍尔附和着。

"再趁一个黑暗的晚上把所有的木板一齐送到河里，让它们漂到荷兰国去，这也是很容易的。"

"再容易没有了！我把一件白小衫蒙在一根木头上，放到教堂的院中，倘使更夫或邻居听见声音，走来一看就会看见一个鬼,便不敢出来多事了。"

"米舍尔,你想的法子真妙!但是还有呢。倘使作场上有建筑的图稿,你也得拿走,到了晚上便一把火烧了它。"

"好的。"

"此外你还得设法叫工友们放随便点,工作不要太认真了;如果州官来了,或者堡里别人来了,秩序就越坏越好。我想你现在明白我的意思了。但是,米舍尔,还有一件最重要的事情:我们两个人要装出互相敌视的样子,现在就开始吧。否则难免有人把我们两人在这角落里接耳的情形泄露出去呢。"

"对,真对。"

"先喝两杯酒,然后我就假装要和你算账。你就和我吵嘴,两人闹起来,我就把你赶出去。"

这件事情很快很容易地做成功了。

"给我们拿酒来!"农人们立刻向店主妇叫道。"村正先生,我们喝一杯,以本季的收获作抵,——一捆一杯。"

"你们的酒资真付得快啊!"这位店主人满面笑

容地答道。

一会儿大家的谈锋都上了阵,每个桌子上都是咒骂宣誓、淫言秽语之声。大家说着盗窃欺骗的故事,诉讼哄闹的掌故,以及流氓邬利(Uli)上绞架的情形。他们正在谈今说古,非常起劲的时候,亨美尔的妻子招呼亨美尔到门口,说约瑟要看他。她一面叫约瑟轻轻地把鞋子脱了,一声不响地跟她走到下面的私室里,亨美尔随即也走进来,向他打着招呼道:"你这么晚跑来有什么事,约瑟?"

"事倒不怎么多。我只是来告诉你,石头的事情已经弄妥了。"

"那很好,约瑟。"

"今日廖师父讲到修墙的问题,说附近的燧石顶好。但是我当面骂他是个傻子,说倘使用石文地的石头做墙,将来做出来的墙才会一平如线。他也并不反对我的主张,所以我们只等工人们从堡中回来,下礼拜一就要开采石文地的石矿了。"

"妙极了!——只愿能成功就好!我给你的报酬已经准备好了,约瑟!"

"但是我有点急用,现在就要呢,村正先生。"

"等到礼拜一,你们在石文地的石矿动了工再来拿吧。"

"但是我明天要买双新靴子,——现在先付三个泰牢吧!"

"我现在手头不方便。礼拜一晚上来好了。"

但是约瑟很坚持。他说,亨美尔显然不相信他的话;而且一旦石矿开了以后,他自己觉得亨美尔的话也不见得可靠。亨美尔再三地保证有效力,最后只得叫妻子拿三个泰牢给他。但是他的妻子把他叫到一旁,轻轻劝他再想一想。"别这样傻!"她说,"你今天喝多了酒,这样慷慨,明天准要后悔呢!"

但是亨美尔仍旧把钱放到约瑟的手里,又说一次:"你不会骗我吧?"

"天亦不容。你把我看作一个什么人呢。"约瑟这样说。但是他一走到门口,便喃喃自语道:"现在钱到了我的手,当然比在村正的钱柜里稳当多了。他是一个有名的老流氓,可是骗不了我。廖师父用燧石也好,青石也好,我都管不着!"

第八章　教子

一个良母的礼拜六晚

同时格姝和孩子们都在家里。因为这是礼拜六晚上，她很仔细地、一声不响地预备晚餐；又从衣箱里把全家礼拜日穿的衣服都取出来，以便次日早晨可以专心做别的事情，不至于为琐事所烦累。她把一切东西收拾好了之后，便把孩子们唤到面前。这是她的习惯，每逢礼拜六总是这样办；孩子们在这一礼拜中，有了什么错处，她总在这天晚上去纠正一番；有什么可以作为教训的事情，她也总在这天晚上叫他们留意。这天她特别想把一礼拜中上帝所表示的仁慈印入孩子们的脑里。他们的小手合上之后，格姝便说道："孩子们，我有一些快乐的消息告诉你们。你们的亲爱的爸爸快有好的工作了，可以多得些钱。我们以后可以不必再愁着我们每天的面包了。孩子们，我们得谢谢上帝，上帝对我们真好。我们从前每吃一口面包都得计算一下,那种苦况,你们切不可忘记。你们自己是受饿过的,你们便得常常替穷人想想;自己只要有得多,哪怕一点点,也得送给没吃没用的人。孩子们,你们愿意吗?"

他们都异口同声地叫道:"妈妈,我们都愿意!"格姝又问他们愿不愿把预备下午自己吃的面包,留给比自己更苦的人;孩子们都很乐意地答应。她于是叫他们各人想出一个没吃的、乐于接受这份礼物的小朋友。尼哥说的是他的邻居小鲁迪;丽姐说的是马克思的女儿蓓蒂;其余的孩子也各自说了。他们都很乐意的,一致决定第二天就去实行这个计划。

格姝又告诉他们,说州官送给他们一些钱,等大家做完晚祷之后给他们看。她说:"好孩子,你们在这个礼拜中做了几件什么好事情,好好地告诉我。"孩子们听了之后,都面面相觑得不说话。

"安妮,你这个礼拜的行为呢?好吗?"

安妮羞得不敢抬头,答道:"妈妈,不好;你知道我对弟弟的那件事。"

"安妮,那孩子说不定会吃你的亏呢!——你想一想,倘使有人把你关在一间房里,没有得吃,又没有得玩,你觉得多么难受!小小的孩子这样关着,有时候哭坏了,可以害他们的一生呢!安妮,我一想到你不会好好地照顾这孩子,弄得我们也不敢出了。"

"妈妈,我以后再不让他独自留在房里了!"

"尼哥,你呢?"格姝回头过去向她那顶大的儿子说,"你这个礼拜怎样?"

"我记得没有做错什么事。"

"礼拜一你把佩格打倒地上,就不记得了吗?"

"妈妈,我不是有意的。"

"我也希望你不是故意的,尼哥!你这样说,不怕羞吗?倘使你长大了,一点不顾到别人的幸福,你总有吃苦的一天。好孩子,记着吧!以后当心点!——丽姐,你这个礼拜怎么样?"

"我想不起这个礼拜做错了什么,妈妈。"

"当真的吗?"

"的确,妈妈,我尽力地想都想不起!假如想得起，我当然很愿意告诉你的，妈妈。"

"我不懂你怎么会这样欢喜多嘴。没有话说也得像有许多话说的样子，一来就说上一大串！"

"我说些什么呢，妈妈？"

"什么也没说，可是说了一大串。我同你说过千百回了，说话以前从不想想要说的话，可是又爱说。前天你告诉村正先生，说你知道亚纳先生要来，那关你的什么事？倘使你爸爸不愿意村正先生知道这件事，你这一句话岂不使你爸爸为难吗？"

"那真对不住，妈妈。可是你和爸爸都没有和我说，那是一宗应守秘密的事。"

"好，等你的爸爸回家来时，我一定告诉他，说我们谈话的时候，每说一句之后都得声明，免得丽姐又向邻居在井边随便谈到。那你就可以知道哪几句话是可以随便乱说的了。"

"啊妈妈，原谅我吧！我不是故意的啊！"

格姝对每个孩子都同样地指出他们的错处。连小佩格也是一样地逃不了，她向她说道："你下次要汤的时候不能那样性急，否则我会让你更多等一会，给别人先吃呢。"

格姝和各个孩子谈话完了之后，孩子们便合着手，照例做着晚祷；格姝又教他们为礼拜六晚另做一个祷告。最后，格姝祝福之后，大家静默了一会，丽姐才打破沉寂的空气，说道："妈妈，现在把州官给我们的钱给我们看看好吗？"

"好的，但是，丽姐，你总是第一个抢着说话呢！"

尼哥从座位上跳起来，要想挤到灯光的前面，把佩格用力一推，弄得佩格哭起来。

"尼哥！"他妈妈叫道，"你的举动不对！你刚才答应我以后做事要格外小心；到现在还不到一刻钟呢。可见你说的话并无诚意。"

"啊，妈妈，我再不这样了，永远不这样了！我确想认真地改过。我真不安。"

"好孩子，我也是一样不安呢；但是我不罚你，你又会忘记了。你就去睡吧，不许吃晚饭。"

她领那孩子到他房里去，其余的孩子都很黯淡地站在旁边。"放他出来吧，原谅他这一次！"他们都恳求着。

"不行，我的宝宝们；他那大意的毛病应该把它医好。"

"那么，我们的钱今晚不看了，留到明早和他一道看。"安妮这样建议。

"那很对，安妮！"格姝让孩子们吃了晚饭之后，领他们一同到卧室里去，尼哥还在哭。"我的亲爱的，亲爱的孩子，"她说，"下次当心点！"

"原谅我，亲爱的妈妈！"他哭着，双臂抱着母亲的头颈。"只要你肯原谅我，亲亲我的嘴，那么晚饭没得吃，亦不要紧。"

格姝吻着他，一滴热泪滴在他的面上。她又祝福其余的孩子，然后只身回到那间灯光暗淡的房里。她心里充满了一种严肃的寂静；她感到上帝的仁爱，感到信仰上帝的愉快。她感动极了，跪在地上流泪。她丈夫回家的时候，她眼睛还是湿的。"你为什么哭呢?"他问。

"我的亲爱的丈夫，这不是忧愁的眼泪；这个礼拜上帝给我们的恩惠太大了，我要感谢他，可是我的心里贮满了感激的意思，说不出话来，所以只好哭了。"

廖纳德把头靠在她的怀里，眼睛里也充满了泪珠。两人都静默了一会儿；最后格姝问他吃不吃晚饭。"不吃，"他答道，"我的心里太满了，吃不下。"

"我也吃不下呢，亲爱的，我告诉你一个办法吧。我们不如把晚饭送给鲁迪，他的母亲今天去世了。"

他们到的时候，鲁迪正坐在母亲的尸旁哭泣，他的小儿子在隔壁房里叫着要面包吃，说哪怕生菜根，随便什么都可以。"唉！我什么也没有！"鲁迪说，"别闹了，到明早再看！"

"但是我真饿呢，爸爸！"孩子诉说，"饿得睡不着！"

泥匠夫妻听见了他们父子间的问答，开了门，放下食物，叫他们赶快吃，免得冷了。大鲁迪深深感动，叫他的孩子："鲁迪，快来！这就是你向他们偷过番薯的人呢！——我也得吃一点。"

"别那样说了，"格姝说，"快吃吧！"

"让我们吃吧，爸爸！"孩子恳求着。

"好，那么先做祷告。"

那孩子做完祷告，拿起匙羹，抖着手，一面哭，一面吃。他们父子留下一部分不吃，预备剩给那已经入睡的孩子们。大鲁迪又伤心，又感激，勉力再向他的施主道谢。同时不知不觉地叹了一口气。

"鲁迪，你有什么为难的事么？我们可以帮你的忙吗？"廖纳德和格妹这样地问。

"没有什么事，谢谢你们。"他勉强忍住一口气答应着。

廖泥匠夫妇很同情地望着他。"但是你叹气呢；你心里一定有什么为难的事。"

"爸爸，告诉他们吧！他们真好呢！"小鲁迪这样恳求他的父亲。

"我说吗？"可怜的鲁迪勉强说道，"明天我得送我母亲到坟地去，后天又要到堡中去。可是一没有鞋，二没有袜。"

"为这一点点小事情着急吗？"廖泥匠不觉叫起来了。"你为什么早不说呢？我给你去办来好了。"

鲁迪很谦虚地说道："我用完之后，一定送还你，决不会弄脏，谢谢你，你信得过吗?"

"别这样说，鲁迪！我相信你，比这只有多。你贫穷潦倒之余，弄得没有一点信人之心了。"

格姝说要去看看那位死了不久的老太太。他们大家含着眼泪，向着暗淡的灯光走到死者的床边。看看死者宁静的面容。他们仍旧把那尸身盖好了，默默地却很热情地互相握手道了别。

第八章 教子

第九章 讽恶

两次说教的结果

第二天早晨牧师做了一次激昂慷慨的演讲，攻击一般不信上帝的人，说他们专门压迫贫人，自求享乐，他们的良心上是不会有一刻安宁的。他说这种邪恶的坏蛋有什么资格现身于上帝的前面。他最后忠告那些贫苦的人，受压迫的人，叫他们不要怕他们的有势力的敌人，要相信上帝的仁爱，要感谢上帝，去吃上帝的圣餐。宣教之后，圣餐随即开始，村正亨美尔虽然明知牧师的话里有刺，很是愤怒，可是仍然帮助牧师分给圣餐。他一回家便召集那些游手好闲的党徒，极力诋毁牧师的宣教。可是事情真也凑巧：有个教会委员和村正住在一条街上，他看见那些游手好闲之徒一个个偷偷地走进村正的店里，便派了一个心腹去守着，看他们在下午集会之前是否出来。后来他们都没有出来，于是他便跑去一五一十地告诉了牧师。

牧师下午向圣会的会众高声朗诵着耶稣受难的故事，他读到"犹大接受贿赂，魔鬼潜入心中"；又继续讲述那个叛徒的历史。他说，凡是离开圣席，跑去赌博，跑去酗酒的人都是和犹大一样的坏东西，结果也会得一样的恶果。他说得气愤极了，猛烈地用拳打着教坛的扶手；那是他多年没有做过的事。会众当初看了这种情形都很诧异，后来大家觉得牧师那种反常的激昂情形一定别有原因，顷刻之间，每只眼睛都盯在村正的妻子身上了。她真可怜，只身坐在村正的空位旁边。她不敢仰视，等大家唱歌的时候，一溜烟便跑出教堂，后面跟着会众的窃窃私语。她放开脚步，奔回家中，一进房便怒气冲冲地把祷告书掷在酒瓶酒杯之间，大声地哭着。

"什么事？"村正和邻人都叫道。

"你还用得着问吗？你们礼拜天不该在这里喝酒！"

"就是这么一回事吗？"村正问道。

"这是你第一次为这种事情哭泣呢。"农人们冷

第九章　讽恶

笑道。

"我还以为你一定是把钱袋子丢了啊,"她丈夫说,"别哭得那么伤心了,告诉我们到底是怎么一回事吧!"

"牧师一定知道你的朋友们在他说教的时候在这里喝酒。"

"哪个鬼告诉他的?"村正急得叫道。

"哪个鬼?蠢东西。难道还是烟囱里掉下来的不成?——是那含着烟斗,安详地在教会委员屋前走来走去的人呀!牧师的话真难受,大家都指着我。——邻人们,赶快吧,赶快从后门跑回去,使他们唱完歌回去的时候,看见你们各自在家了。"

"是呀,走吧!"村正下着命令。

大家走了之后,村正的妻子才把牧师说教的情形一五一十地告诉了他,他吓坏了,一时之间简直说不出话来。他定神之后,才告诉他妻子,说他对于早晨的说教已是愤怒极了。"我在吃圣餐的时候做不成祷告,"他说,"我的心麻木得像块石头,牧师给我面包的时候,那种瞪着我的态度,我是永远忘不了的。当时我从他手里接了面包,额上一阵冷汗;我在圣坛上发抖,差不多酒杯都拿不稳了。约瑟又穿着破靴子跑过来,他看见我的时候一双邪眼望着地上,——我想起了我的三个泰牢,周身都发抖呢!后来格姝又来了,眼睛望着天上,盯着酒杯,好像没有把我看在眼里一样。她是恨我的,她希望我倒霉;但是从她的行动看来,又好像不觉得我在那里。其次廖泥匠也来了,愁容满面,好像要衷心求我的原谅的样子,其实呢,只要他有能力,唯恐我不上断头台呢。最后米舍尔来了,形色惨白,正和我自己一样在发急。我恐怕魏斯特接着也来,他若来了,我就真会晕倒地上啊!后来我回到座位上,周身战栗,连歌本都拿不稳了。当时我总觉得,这一切都是亚纳的过错。我愤恨之余,心里便想起了一些事情,可是我真不敢告诉你呢,——我想把山上的大界石掘起,把它滚到恶岩绝壁之下去;那块界石只有我知道,如果把它移了,亚纳的森林便会损失三分之一,因为政府的界石从一根直线上把他的土地切去一大块。"

村正的妻子听了他的话，吓坏了，劝他别和坏朋友在一起。她说他们不久就会把他毁了的。他不回答，"心不在焉"地走到花园里，脚不停步地绕着屋子跑来跑去，心里总怀着一个掘石的奇怪念头。他想来想去终不敢去掘那块界石；因为掘界石得在晚上，可是他晚上怕鬼，不敢上山。不过掘石的阴谋到底放不下去，没有办法，只好跑到街上，见了第一个邻人便去和他谈话。后来他碰着了一对酒友，便把他们领回家里；请他们喝酒，陪他度过那可怕的一天。

贤伉俪

第十章　乐事

礼拜日的快乐和孩子们的性格

廖泥匠居处虽陋，那天他家里做的礼拜，却全不似村正那样光景。廖纳德和格妹在教堂做礼拜，他们的子女便在家里祈祷、唱歌，温习一个礼拜以内的功课，好等晚上背给他们的妈妈听。丽姐年岁顶大，便替妈妈照顾小妹妹佩格；她替小妹妹着衣、喂食，照顾一切，心里很是快乐。她把妹妹摇着、吻着、逗着，居然装出一副做妈妈的神气，怪有趣的。妹妹伸着肥嫩的膀子，弹着小小的脚儿，向着她笑，她就快乐极了！佩格有时握着她的帽子，扯着她的小辫，捏着她的鼻子，有时看了她的漂亮项巾，快乐得欢呼起来。尼哥、安妮也跑来躲在后面，学着妹妹的欢呼；那时佩格便会回过头去，朝着快乐的尼哥吃吃地笑，尼哥便跳上前去吻吻他的小妹妹。丽姐看了难过，也便尽力地逗着宝宝向她笑。

她尽力地使妹妹快乐，有时把她高兴地举着，举到差不多触着天花板，然后小心翼翼地再放下来，把她弄得快乐得唧唧地叫。有时她又把妹妹抱到镜子前面，让她朝着镜子里面的宝宝笑；最快乐的还是格姝回家的时候，那时佩格远远地看见妈妈从街上回来，她便欢呼着，伸着纤小的手儿，几乎要从丽姐的手中扑下去。

这天格姝看见孩子们的一举一动都能遵守自己的指导，心里也很高兴。孩子们现在也得到了报酬，他们和爸爸妈妈在一块儿取乐；有的爬到爸爸妈妈的膝上，有的握着爸爸妈妈的手，有的用小小的臂膀拍着爸爸妈妈的颈项。格姝自做母亲以来，每逢礼拜就是这样快快乐乐的；这天廖纳德想起了自己以前屡屡放弃了这种天伦之乐，也不觉泪珠盈眶。他们夫妇愉快极了，和孩子们谈着天父的事情，谈着救世主受难的事情，孩子们便都倾耳而听。他们的午刻像结婚时宴客一样，过得很快，很快乐；一会儿钟声又响，廖纳德和格姝夫妇俩又到教堂去了。

他们下午回家的时候，孩子们都跑下阶梯去迎着，嘴里叫道："快回！妈妈！快回！我们要背这个礼拜的功课了，赶快背完。"

格姝微笑问道："我的宝宝，你们为什么这样性急呢？"

"我们背完了以后，妈妈，你昨天不是允许了我们的面包吗？妈妈，好吗？"

格姝答道："我还得先看看你们的功课学得怎么样了呢。"

一会儿孩子们的功课背完了，格姝便把面包拿出来，此外还有两杯牛乳，因为这天是礼拜，上面的乳油都没有除去。孩子们见了面包，没一个敢动手，只是口里各说各的一块是最大的。吃完牛乳以后，尼哥悄悄地走到母亲身边，扯着她的手，在她耳边小声小气地问道："我的面包自己只吃一口好吗？妈妈？"

"尼哥，你有一块呢。"

"我想留给鲁迪。"

他母亲说道："我没有叫你留给鲁迪，你要吃便自己吃了吧。"

第十章 乐事

"我自己不想吃；让我只吃一口行吗？"

"孩子，那当然是不行的。"

"为什么不行呢？"

"你不要以为我们要在自己吃饱之后，才去想到贫苦的人。你要给他便全给了，好吗？"

"好的，妈妈，通通给了他吧。我知道他饿得真厉害，我们却六点钟便用了晚餐。"

"是呀，尼哥，我想他们六点钟很难有东西吃呢。"

格姝又问其余的孩子，是不是愿意放弃各自的面包，孩子们的回答都是愿意。她说："孩子，那才对呀！但是你们打算怎么办呢？尼哥，你的面包怎么办呢？"

"我打算赶快去叫鲁迪。我不把面包放在袋里，好使他快点得到。妈妈，就让我去吧！"

"尼哥，别忙！丽姐，你的怎么办呢？"

"我打算不照尼哥一样。我去把蓓蒂叫到一个僻静的地方，面包也藏到裙子底下，免得人家看见，就连她父亲也不让他看见。"

"安妮，你呢？"

"我不知道要到什么地方才找得着汉利。我打算见了汉利就把面包给他。"

"约南,你这个小东西,脑袋里还能出几个花样的;你打算怎么办呢?"

"妈妈,我要照着你逗我玩耍的样子,把面包一把塞进他的口里。我向他说,'张开嘴,闭上眼睛'。然后一把塞进去。妈妈,你想他会笑吗?"

格姝说道:"好孩子,你们的办法都很好。但是我还得叮咛你们一件事:你们把面包给他们的时候,必须安静一点,免得别人知道了,以为你们是故意表现自己的乐善好施呢。"

尼哥叫道:"呀!妈妈,那么我的面包一定要放到袋子里吗?"

"那是当然的,尼哥。"

丽姐说道:"妈妈,我刚才就是这样想呢。刚才我不是说过,我不照他一样吗。"

"丽姐,你真最聪明。我忘记赞美你了,幸得你提醒我。"丽姐听了,脸红红的,不作一声。

孩子们各自分道扬镳地去了。尼哥飞奔地跑到鲁迪的茅屋，可是没有看见一个人。他在外面叫了几声，没人答应，便向屋子里面走，鲁迪正和父亲弟妹坐在祖母的棺旁哭泣。尼哥开门，看见棺木，惊得退了转去。大鲁迪看见了尼哥，以为是格妹搭了什么信来，追着出去，问有什么事情。尼哥说："没有什么。我想看看鲁迪，他又正在做祷告。"

"你要看他就请进吧。"

"我不进来。请你叫他出来一会儿吧！"

大鲁迪招他的儿子出来，但是向他的朋友叫道："尼哥！我现在不想到街上去。我要和祖母在一块儿，——他们不久就要把她抬出去了！"

来访的客人要求道："出来吧！出来一刻刻就够了！"

鲁迪出来了；尼哥握着他的手，很神秘地向他小声说道："来吧，我有话和你说呢！"他把鲁迪邀到一个僻静的地方，把面包从自己的口袋里拿出来，放进鲁迪的口袋，便飞也似的跑了。

同时丽姐迈着安详的脚步，走到马克思的女儿蓓蒂所住的村里。那时蓓蒂正站在窗口，得了丽姐给她的暗号，便一溜烟走出屋子。可是一不留神，给她父亲知道了，也偷偷地跟着出来，躲在门后面。

丽姐先开口："蓓蒂，我给你带了点面包来。"

蓓蒂伸着一双战栗的手，接了面包，说道："丽姐，你真太好了！我正饿得厉害呢！你为什么这个时候给我送了面包来呢？"

"蓓蒂，因为我爱你。我们现在的面包够吃了；爸爸在建礼拜堂。"

"我爸爸也在建礼拜堂呢。"

"是呀，不过你爸爸只当了一名散工。"

"只要有面包吃，散工不散工倒没什么关系。"

"蓓蒂，你常常受饿吗？"

"啊！唯愿以后好一点就好！"

"你今天午饭吃的什么呢？"她的客人问道。

"我不能告诉你。"

"为什么不能告诉我呢？"

"假如爸爸知道我告诉你了，他会——"

丽姐听了很难过，硬着声音说："难道你还怕我告诉他不成！"

蓓蒂从袋里拿出一片生芜菁。

她的客人不觉失声叫道:"啊呀!就只一些生芜菁,没有别的了吗?"

"没有别的了,这两天以来都没吃别的了。"

"你爸爸又不准你告诉别人,从别人讨点东西吃吗?"

"是呀!假如他知道我告诉你了,我才有苦受呢。"

"那么,吃完再进去吧。"她的朋友小心翼翼地告诉她。

蓓蒂马上照着丽姐的意思去吃,可是还没吃完一口,信士马克思开了门,唤道:"孩子,你吃什么?"

可怜的蓓蒂把一口面包囫囵吞枣地吞了,答道:"爸爸,没吃什么。"

"没吃什么?好,等着吧!丽姐,你也不该背了我的面,把面包给我的孩子吃,让他们对于家里所吃所喝的捏造许多荒诞不经的谎话。蓓蒂,你这坏东西!我们中午不是吃了软煎蛋块吗?"

丽姐来的时候是安详大步,这时却飞也似的走了。蓓蒂的慈父则扭着自己女儿的手臂,把她拖进屋去;丽姐走了很远,还听得见她的哭声。

安妮去找汉利,汉利正在自己的门口;她把面包给了他,没有出什么事。

小约南偷偷地绕着米舍尔的屋兜圈子,巴比看见了,自己走了出来。叫道:"约南,你找什么?"

"我想找人闹着玩。"

"好,请进吧!"

"巴比,我怎么说你就怎么做,好么?如果你答应,那才好玩着呢。"

"好吧,做什么呢?"

"开开你的口,闭上你的眼睛。"

"你好把脏东西塞进我的口里吧。"

"不会的,巴比,我决不,——我以名誉为担保!"

"好吧。但是别骗我啊!"他开开口,眼睛半闭着。

"眼睛要闭紧,否则太不诚实了!"

巴比照着闭紧眼睛,约南赶快把面包塞进他的

第十章 乐事

口里，一溜烟便跑了。

巴比坐在门阶上吃着面包，说道："倒真好玩！"

巴比的父亲米舍尔在窗口看着他们玩，知道约南是格姝的孩子。他想到自己参与了陷害廖泥匠的诡谋，良心上很觉难过；他立刻决定此后再不与闻村正的阴谋了。

第十一章　羞怒

村正老羞成怒

廖纳德第二天早晨被人从窗外唤醒了。那是佛令克，安堡派来的兵卒，叫廖泥匠当天早晨便带领工人去凿取石块。廖纳德记得听见有人说工人们那天会到安堡去道谢，但是他想时间还早，也许来得及阻止。哪知道工人们在半点钟以前便动身去了！佛令克赶急跑到一座俯视大道的高山上；嗓子都叫哑了，全没有效力，晨曦朦胧中的人影渐走渐远，终于走得看不见了。只有村正动身较迟，听见佛令克的唤声，回去问个究竟。佛令克告诉他，说自己因为前晚头痛得厉害，所以延到早晨才把信送过去。村正为难极了！暴躁如雷地叫道："你这混蛋！你玩的到底是什么鬼？"

"不过事情也不见得就一定那样糟，"佛令克答道，"我怎么知道他们天还没亮就会跑出村外去呢。

是你叫他们去的吗？"

"是的，狗东西，是我叫他们去的。你做错了事情归我倒霉！"

"我自己也没有好日子过呀！"佛令克悔恨地说。

村正替那个可怜的信差打了一个主意，要他求廖纳德帮忙，求廖泥匠向亚纳说明，说信是礼拜日便送到了，只因礼拜是假期，所以到次早还没有和工人们说。佛令克照着去求廖纳德，廖纳德是好人，也就答允了。后来和妻子格姝说起，格姝说道："凡是这种不大坦白的事情，我真有点不放心呢。假如亚纳问你，你必得把真情说了；假如没人提到，你就可以不提，因为这是于人无损的。"办法就是这样决定了。

那时工人们已经到了堡里，亚纳立刻请他们进去，很和蔼地问他们来做什么。他们吞吞吐吐地向亚纳道了谢。亚纳问是谁叫他们去的；他得了真情之后，吩咐他们回去，说道："这真不是我的本意。现在你们请回去吧，只要你们诚实努力，我是很愿你们能从工作中得到好处的。回去告诉廖泥匠，今日就要开始凿石了。"

工人们在回家的路上谈着亚纳的仁爱，相形之下，就愈见得村正的不对了。"无缘无故让我们跑来跑去，自己却又中途溜了，好卑鄙的诡计啊！"有一个叫道。

"他就惯于这样的，"另外一个说道。

"这是一种卑鄙的行径呢，"刘克答道，"这段谈话最初就是他开始的。"

"是呀，但是村正是个贵人，像我们这种人对于一个问题不能面面想到的！"克利喜放开嗓子说道，——因为他看见村正偷偷地从洼地走来了。

"什么东西！你尽管恭维他，我却要恭维亚纳！"刘克不知道村正来了，这样大声叫着。

这时村正从篱笆后面走出来，和大家打了招呼之后，便问刘克，他为什么那样大声地恭维着亚纳。

"我们只说了亚纳人很好，很和善。"刘克有点不知所措了。

"但是不止如此吧。"村正说。

"我所知道的就只如此。"刘克执拗地说。

"刘克，大丈夫说了话不要那样否认吧！"克利喜说道，"说的还不止他一个呢，村正先生。他们有好几个人都说，您不该半途溜了，我告诉他们，说您有您的原因，像我们这种人是不能知道的。刘克就说，我尽管恭维村正，他却要恭维亚纳。"

其余的工人们都摇着头，窃窃私议克利喜的不是，村正只得握握伪君子克利喜的手，赶急改换谈锋，问亚纳是不是生了气。"一点没有生气，"工人们答道，"他只叫我们赶快回家，立刻动工。"

"就这样告诉廖泥匠吧，并且告诉他：这次的误会并没有关系。"村正说完，别了他们，走向安堡去了。

村正到了安堡，等了一会才见着亚纳；见面的时候，亚纳很不高兴地问他为什么擅自吩咐工人们清早就到堡里来。

"我以为这是我的责任，"村正答道，"应叫他们谢谢您给予工作的恩惠。"

"你的责任是照我的吩咐做事，做有益于我、有益于人民的事；不是叫贫苦的人们来做无益的奔走，来说漂亮的巧言，无益的奔走和漂亮的巧言是既无好处又无必要的。——现在我叫你来的目的是当面告诉你：我不能再让村正兼营酒业了。村正与酒业，你可以任选一件，希望你在十四天以内给我个答复。"

村正突然听见亚纳这样宣布，正如一声晴天霹雳，连亚纳给他的两礼拜的犹豫时期都忘记道谢，又气又急地回去了。他走到半路，坐在一株古老的果树下，吐吐气，整理整理自己的散漫思想。他太懦弱了，不能思索，从袋里拿出一瓶白兰地，一口喝了一大半。这才精神振作，旧有的骄傲又全来了，过路的人向他招呼，他只傲然微微颔首，手里提着一根有节的手杖，一副岸然自大的神气，好像十个亚纳也不及他的势力似的。

他在回家的路上，又在喧嚣嘈杂的酒店里喝了酒，对在座的农人们夸了许多大话。那时正有一个过路老樵夫，口里渴了，进去索饮。村正正怕独行寂寞，便邀他一道回去。沿路他便问那樵夫晚上山林里是不是有鬼。"你为什么问这话呢？"樵夫问道。

"因为我想知道。"

"你真是个老傻瓜！还亏你当了三十年的村正！

居然问出这种可笑的话来！——只要你给我一瓶酒，我就可以帮你解除这种疑惑。"

"只要你能说得我信服，两瓶都可以！"

"好，我当了四十年的樵夫了，从四岁的时候起，我便是由我父亲在山林里养大的。当樵夫的人是不能相信鬼怪的，所以他常常在黑暗的晚上带我到山林里去，每见有光有声，我们便跳过残木深沟，越池穿林地追上去。结果不是歹人，便是盗贼，我们一叫'滚吧！流氓！'他们便都跑了。有时候野兽也可以发出奇怪的声音，枯朽的树叶也可以生出光亮。据我所知道的，山林里此外并没有别的东西；但是邻人们相信鬼怪，却是于我有利的，因为我晚上就可以不必起来追赶流氓了。"

樵夫侧道走到山林里去了，村正自思自想，一路向前，后来走到村界，看见工人们在凿取平原上的大石。"我不能由约瑟那坏东西身边走过而默不作声啊！"他自己说道。他坐在一座小山边上，那时日已落山，他便一直等到村里打了六点钟，工人们都动身回家了，他才跟着回去。

第十二章　天网

鼠辈放弃了将沉的船只，蓬那村民遇了魔鬼

魏斯特礼拜六晚从村正家里回去之后，自觉不该伪誓，深自忏悔，几乎人都狂了。他在地板上打滚，扯着自己的头发，用拳头拼命打自己。第二天他不饮不食，只是踱来踱去，精神上很难过，尽自呻吟着，直到晚上累了，方才睡去。次日一早起来，他决计解除自己的痛苦，把星期日穿的衣服以及别的可以寻到的东西，扎成一包，携到牧师家里去。和善的牧师看见来客的疯狂样子，向前迎着，问他有什么为难的事情，又很和蔼地请他到房里坐。这一来魏斯特的心才安了一点，便一五一十地把真情说了。牧师安慰他，说上天可以恕他，使他安心，并且和他说，现在唯一的正当聪明办法，只有把事情向亚纳从实供认了。可怜的魏斯特经过牧师的一番安慰之后，眼泪纵横，鼓着勇气向牧师提出一个请求。他说自己欠了村正八个佛罗灵，愿把那包东西作抵押，借贷八个佛罗灵还债。那位良善的牧师立刻如数借他，却一定要他把衣服带回去。现在魏斯特的心里轻松了，立刻跑到村正家里，那时村正本人不在家，他便把钱交给村正的妻子，她接了钱，核算数目不错，又是奇怪，又是狼狈。

不到晚上，村正的另外一个党徒也叛了。那天是全体工人集合的第一日，廖纳德很耐烦，工人们傻头傻脑他也不气，他天性又好，人又热烈，凡是最困难最无味的工作，他便自己做了，因此，工人们都很心悦诚服。米舍尔在他身旁做了一下午的工，对于前晚所下的决心便更增了一分勇气，散工后他要送廖纳德回家，说有重要事情和他商量。他一到廖泥匠的茅屋里，便把村正的毒计以及要他加入的情形一一说了，并且自认已经得了村正两个泰牢。廖纳德和格姝真吓坏了！但是米舍尔劝他俩不要惊慌，并且主张设个陷阱把村正反害一下，他可以假装照着村正的计划去行事，到了第二天再把破坏建筑所用的工具移到村正家里，然后叫亚纳派人到他家里去搜。但是廖泥匠夫妇不赞成。"我们应该感谢上帝，"格姝说道，"因为上帝救了我们的灾难；但是我们不必去报复。"米舍尔也承认格姝的话是对的，但是说自己所得的贿赂已经花了半个泰牢，没有办法全数退还了。廖纳德当即从米舍尔的工资里面如数预支了给他。米舍尔离了他的新交的朋友，决心还清村正的债，不再受他的束缚了。

村正回到家里，看见只有妻子一个人在家，便把一天的积愤尽情发泄。他妻子吓坏了，想要劝止他也没有效力。"我还不该发脾气吗？"他叫道，"亚纳叫我在两个礼拜以内决定，不是缴还酒店的执照，便得归还村正的职权。"

她说道："我虽然到今晚才听你说，其实早就知道了。这时候全村的人都知道了。此外还发生了一件事情呢，——魏斯特把八个佛罗灵还来了。"

村正这一吓真是非同小可，呆头呆脑地望着他妻子，一声不响。最后，他叫妻子把钱给他看看，她便从一只破啤酒瓶子里取出来。他并没有数，只看了一眼，说道："这钱不是从安堡来的，亚纳从来不用这种钱。假如当初我在家就好了,我可以问他钱是哪里来的。——拿酒来,妻!"

她把大酒杯放在他面前,他一面吃,一面在房里踱来踱去,自言自语道:"我一定要首先把廖泥匠害了。米舍尔一定会害他的,哪怕花一百个泰牢我都干!"

这时候外面有人敲门。"谁?来得这么晚!"他吃了一惊,叫道。

"村正开门吧!"米舍尔的声音在外面叫。

亨美尔赶急欢迎着。"米舍尔,你带来了什么好消息?"

"不多。我只想来告诉你"——

"别站在街上吧!请进来!"

"不,村正,我就要回家去了。我只想来告诉你,我们的勾当我不干了。"

"不干了?瞎说!米舍尔,那不行的。假如两个泰牢不够,我还可以多给你。进来再说吧!"

"不,村正,我决不进去。你的两个泰牢在这里。"

"我誓不收回！别傻了！进来吧！"

米舍尔只得进了屋，把钱搁在桌上，马上就跑了。

亨美尔站着半天没有说话；他双眼乱转，口吐白沫。最后才叫道："妻，拿白兰地来，一定是，——我要去了！"

"这样漆黑的晚上你到哪里去呢？"她吓得叫了起来。

"我要去把界石掘了，——拿酒来！"——他任凭妻子如何劝告，全不理会，拿着锄头铲子，在黑暗中跑上山去了。他虽因愤怒之余，又喝了白兰地，胆子大些，但是每逢看见树木发光，听见路边的野兔沙沙作响，他便战栗少停，然后再向前面狂奔；最后他到了孤立的界石那里，立刻拼命地去掘。掘了不久，他突然听见一种声音，不觉吃了一惊，抬头一看，只见一只黑影子从丛林里直向他奔来。那个鬼怪的周围有光耀，头上燃着烈火。"呀！魔鬼的化身来了！"亨美尔喘息不迭，吓得大叫起来，连跌带跑，把锄头、铲子、帽子、白兰地瓶一概抛弃，拼命狂奔。他一面瞎跑，一面听得后面有种非人世所有的唧唧当当的声音追上来，此外还不时有种空浊的呼声："啊！呀！喂！亨美尔，等着吧，亨美尔，你是我的咧！"把他吓得血管里的血液都差不多凝结了。

亨美尔一直向村里奔，拼命地叫道："谋杀呀！救命呀！更夫！魔鬼在追我呀！"村里的更夫听了他的呼唤，又听见一片喧嚣的声音，心里也吓慌了，只得去敲邻居的门，请大家出来帮忙。邻居集了十一二个人，拿着火把武器，向发出声音的地方突进，口袋里搁些鲜面包，一本圣经，一本诗篇，以为可以避邪。他们首先到村正家里，看村正是否的确不在家；村正的妻子也加入了，她急得差不多发狂了。

待大队人马走到的时候，空浊的叫声和唧唧当当的声音突然停止。孔慈恰好走在顶前面，他便走上去一把握住村正的手臂。那时候可怜的亨美尔正在号叫，他吓得太厉害，耳朵眼睛都不作用了，唧唧地叫道："啊，魔鬼，饶了我吧！"其余的人也吓得倒退，用火把小心地四周照着，看还有魔鬼的形迹没有，但是孔慈却很大胆地宣布他的意见，说一定是一个偷猎的人或樵夫开了他们大家的玩笑，因为他走近的时候明明听见有个人走上山去了。"但是魔鬼走的时候难道我们便一定听不见吗？"其余的人反问着；他们都认为吓他们的决不是人类的声音，那种啷当之声就是一满车的铁器都发不出像他们所听见的那么可怕。

　　大家的谈论，亨美尔一句也没有听清，他到家之后要求邻居们给他作伴，他们也很愿意地停在酒店里。

第十二章　天网

第十三章 定狱

罪人招了供，定了狱

同时，遇鬼的消息传遍了全村，牧师也得到了报告。他想也许他可以利用亨美尔的受惊，使他改邪归正，所以亲自跑到亨美尔的酒店里去。他一进门，邻人们都站起来向他致敬；他求大家暂时退出，让他和村正谈谈。他们退出的时候，良善的牧师又叮咛他们，不可急于把昨晚的事情随便谈论，因为现在谁也不知道昨晚发生的究竟是什么一回事。但是他们都在门外愤怒地说："这个老傻瓜，总是傻头傻脑的，什么都不信！"

众人退去之后，牧师便很和善地追问先晚的遇险。"我真倒霉，"答道，"魔鬼要来捉我。"

"你当真看见有人吗？"牧师问道。

"是呀，我看见他在后面追。他是一个高大的黑汉，头上出火，一直把我追到山底下。"

"好，村正，事情就让它这样吧，我们谁也解释不了的。至于你相信死后有个境界，不义的人要受魔鬼的牵制，那也没有关系。只是你的年岁这样大了，日常的生活又不正直，想起这种危险也该惊心啊！"

可怜的亨美尔真个吓坏了，他哀求牧师指示他一个办法，看怎样可以脱出魔鬼的掌握，重得上帝的欢心。牧师劝他忏悔，劝他把非法得来的财产一概退回原主。亨美尔恐慌极了，答允退还鲁迪的草地。牧师问他先晚为什么跑上山去。他也把真情说了。经过牧师一番劝告之后，他答允去求亚纳的赦宥，把一切事情从实供出来。

牧师和亨美尔做了祷告，谈了一会儿之后，回来写信给亚纳，把前天魏斯特所说的话以及亨美尔的出乎意外的招供通通写了。亚纳没接牧师的信以前，对于前晚的事情已经从别方面知道了。他回信给牧师，说他当天就要到蓬那去，想召集一个村会，讨论界石的事，并说想在同时玩个喜剧，治治村人的迷信。他说他的妻和子女都会去，因为他们也想看看那出喜剧。

亚纳写完信，跑到畜栏里，从五十头牛里面选了最好的一头，打算送给鲁迪，叫下人带到蓬那，听候吩咐。然后坐下来，深刻地忧虑地思索了一会儿，想怎样处罚亨美尔才好。他当天很早便用了午餐，带着妻子到村里去。他们走过工人做工的地方的时候，工人们都在忙于凿取石块，亚纳从车上下来视察了一番，对于工作秩序之好，很加赞赏，他的态度，就是最蠢的工人看了，也知道丝毫的疏忽都是逃不出他的明察的。

亚纳一到牧师家里，立刻派人去请少年的梅饶；他是想要梅饶继任村正的，所以对他说道："梅饶，我正打算罢免我的村正；但是他虽则犯了事，我却仍希望他能取得村正的一部分薪水，以终余年。你的家境是很好的，假如我请你做村正，我想你一定愿意从你的薪水里面每年分一百个佛罗灵给他。"梅饶很谦恭地答允了，亚纳又接着说道："梅饶，你现在就和我的秘书阿比法官一道到亨美尔的酒店去，把亨美尔的一切账据都密封起来。当心一点，什么文件都不可让他们隐藏了。"

他们三个人正在执行命令的时候，亨美尔妻子拿了一块湿海绵，走到黑板旁边去。梅饶阻止她，把黑板上的粉笔字抄了一份，"礼拜六，十八号，付廖纳德工人约瑟三泰牢"。亨美尔和他妻子最初不肯说明这个记载的意义，经过良善的牧师一番劝告，叫他不要隐瞒，自增罪戾，他才一五一十地说了。

亚纳把亨美尔、魏斯特、约瑟带到牧师家里，正式加以审判。录了口供之后，他便吩咐鸣钟，召集全村的人到菩提树下的方场去开村会。亚纳的妻子茜露沙，牧师的妻子，以及两家的孩子仆人就停在教堂地上的高处，可以看见方场里面的情形。

亚纳首先吩咐把犯人带上，叫他们朗诵供词，然后吩咐亨美尔跪下，向他宣布判词。判词道："不幸的人！你犯了罪，应该处罪；但是以你这样的年龄而受这种处治，我的心里实在罪过得很。你理应处死，不独因为你不该强夺鲁迪的草地，擅移我的界石，而且因为你的伪誓，你的剥削可以使全村受到无限的危险，无限的痛苦。但是因为你的年岁已大，而且有一部分的罪是对于我个人的，所以我已

第十三章　定狱

决定饶你一死。你所应受的处罚是这样的：今天你要和村里的管事们一起到界石的所在去，带着锄链，把界石恢复原状，别人愿去的也可以去。然后你得投入村牢，幽囚十四天，每天由牧师来看你，叫你把过去的行事详细地讲述出来。两星期后的礼拜日，我们便要从说教坛上把你的历史，以及你家庭的毛病、待人的苛刻、对于信誓的蔑视、对于贫富的不义，一一宣布，并且你得一一亲自证实。然后我再放你；但是村里粗鲁的、不受约束的人太多了，我得给他们一个榜样，所以你还得多受一种处罚，明天早晨有个刽子手带你到蓬那的断头台下去，把你的右手绑在一根桩子上，将你的前三只手指黥以永不褪色的黑色染料。但是你受这种处罚的时候，大家只准光着头看，不准作声，不准讥讽嘲笑以增重你的痛苦。"

亚纳又判定魏斯特应受八日的拘留，约瑟是个异方人，驱逐出境，不准再来，违则送进感化院。

贤伉俪

第十四章　趣景

一幕趣剧

现在亚纳的玩笑要开始了，可是出乎他的意外，敌方竟先下了手。农人们因为牧师先天晚上不信他们的意见，很不满意；地主们因为亚纳要把草地分一块给贫苦的人，也表示反对。因此，当天早晨便有许多村民开了一个会，根据他们商议的结果，伪善的守财奴哈托夫便在村会站了起来，说道："大人，我可不可以代表你的忠诚的蓬那村民提出一件信仰上帝的事件？"

"我很愿意听的，"亚纳答道，"你是谁？"

"我是雅各·克利斯多佛·弗来德力克·哈托夫，蓬那村的教会委员兼长老，现年五十六岁。村里的管事们要求我代表全村的人民向您提出一点陈述，因为他们不惯于讨论宗教上的问题。"

"哈托夫先生，干脆点说！"亚纳不耐烦地叫道。

"大人,我们有种从祖先传下来的信仰,相信魔鬼及其精灵是时常在人前出现的;现在我们对于精灵的信仰既然是不错的(因为谁也决不会怀疑这种信仰),所以我们敢于唐突地告诉您,我们的牧师先生,上帝赦了他吧,是没有这种信仰的。我们很知道,关于精灵的问题,您的意见和牧师先生是一样的,但是关于信仰问题,我们既然只可服从上帝,不可服从别人,所以,我们求您,希望牧师先生以后教导我们的孩子的时候,要根据我们固有的信仰,不可不信精灵,因为那是我们所必须相信的,望您不要见气。此外我们还请求早些定下一个礼拜日,专为斋戒祈祷之用,以便我们衣麻衣,坐灰中,以行忏悔,忏悔我们不信精灵的罪过。"

亚纳和牧师勉强忍住笑,让他说完了;但是许多农人都跳起身来,叫道:"大人!我们都和哈托夫是一样的意见!"

亚纳戴上帽子,郑重地朝四周望了一眼,说道:"邻人们,这种蠢话还用得着这么一个雄辩家吗!整个问题,魔鬼的出现,全是出于误会,你们让哈托夫这样一个东西来侮辱你们的聪明良善的牧师，不觉得惭愧吗？"

"但是明明白白昨晚魔鬼出现了，要捉村正呢！"农人们急得插嘴道。

"你们为一种错误而白费心血了，邻人们！"亚纳笑道，"不到晚餐时候，你们便会自知自己的愚鲁而羞得难过的。"

"但是，"他们叫道，"我们都听见了魔鬼的声音呢！"

"我早知道，你们听见大声的呼唤，还有喘息哪当之声。但是为什么一定就是魔鬼呢？说不定是一个或几个人故意吓他的呢？"

大家都很愤怒地反驳这个暗示，"十个人，不，二十个人都不够发出那么大的声音；假如您当时在场，您也根本不会以为是人做出来的。"

"但是，邻人们，"亚纳坚持道，"黑暗是有欺骗性的，我们一旦受了惊慌，我们的所见所闻便都有加倍的分量。我很相信你们是弄错了。"

"不会的，那决不可能的。"

"我愿相信我能证明你们的错误呢。"

"您开玩笑啊!"大家都叫道。

"不,我一点不是开玩笑。只要你们承认把公地分了,我一定有方法使你们相信昨晚的呼唤之声、啷当之声,全是一个人弄出来的。你们愿不愿意冒这个险呢?"

"好,我们一定愿意。只要您能够照您所说的,证明昨晚我们所听见的声音全是一个人弄出来的,使我们完全满意,我们一定承诺把公地分了;否则不行。"

亚纳从口袋里张扬地拿出一条大的白汗巾,一会儿在笑声鼎沸之中,一个不认识的高个儿走来了,手里拿着一个乌黑的篮子,一盏灯。"这傻小子是什么人,光天化日之下点着一盏灯?"农人们问道。

"他是我的禽贩,从安罕来的,"亚纳答道。"喂,克利斯多佛!你来干什么。"

"我有一件故事告诉您。"

亚纳允许他讲,他便把篮子放下,说道:"亚大人,牧师先生,各位邻人!昨天晚上,亨美尔做的好事情！我把他吓走了，一直赶到山底下，这就是他丢在界石旁边的锄头、铲子、白兰地酒瓶、烟斗和毡帽。"

农人们叫道："我们能够相信所有的声音都是你一个人弄出来的吗？这个证据不够；我们还要别的证据。"

"稍微等一等吧！"亚纳说道，"他身边带了一盏灯，你们也许可以由此多明白一点。请放安静些，让他说完吧。"

农人们遵命安静下去，禽贩接着说道："你们太没礼貌了，为什么不让我说完呢？如果你们不肯听完我的话，你们就永远不能知道事情的真相，因为亨美尔遇了魔鬼的说法根本就没有丝毫的根据。吓他的是我，——是一个禽贩，和我现在一样的一个禽贩，携着这个篮子，因为昨早下雨，篮子上支了一张黑羊皮。我又把这盏灯挂在篮子前面，正同你们现在所见的情形一样。昨晚十一点钟我在晓漕的酒店，酒店主人和别的许多人都可以作证的。我爬过山的时候，蓬那村里正打着十二点钟，那时我恰好听见亨美尔一面咒骂,一面掘碑,离大路不到一箭之远。我听得出亨美尔的声音,心想他半夜三更在那里干什么呢,所以寻声而去。但是我想这位可敬的村正一定比平时多喝了一点酒,因为他竟把我当作了魔鬼。我见他想把主人森林里的界石搬动,心想不如把他吓走。于是我便把他的器具和自己的手杖扎在一起,拖在身后,由石头上一直拖下去,口里又尽量叫着'啊!呀!喂!亨美尔!你是我的咧!'后来你们拿着火把,偷偷地跑来帮他的忙,我离你们不过一箭之远。但是我不愿意用我的声音惊吓无辜的人们,所以跑上山去,携了篮子,回家去了。今早六点钟我便到了安堡,把事情告诉了主人。邻人们,你们想想,假如我说的话不是真的,我哪能天还没亮便知道这个故事,得了这些器具呢?"

农人们有些搔着头,有些笑着。

"假如下次再有这种事,"禽贩又说道,"我可以向更夫和全村的朋友进个忠告,——你们只要把村里最大的狗放出去,便可以找着魔鬼的所在了!"

第十五章　明刑

贫人的大量和罪人的受罚

禽贩说完以后,喃喃之声四起。农人们自觉愚鲁,嗒然若失;地主们则诅咒自己的不智,不该允许分地;贫苦的人们则见亚纳和牧师得了胜利而欣喜若狂。亚纳向大家略道珍重之后,便宣布散会,自己陪着牧师回家,极力赞美牧师的克尽厥职,并且还把村里的一小方教地送了牧师,以表敬意。茜露沙站在丈夫身旁,也拿了一个美丽的花环放到牧师手里,第二天早晨牧师太太才发现那花环是用一练珍珠扎住的。

鲁迪这时应召来见亚纳,亚纳伸着手,说道:"鲁迪,我的祖父拿走了你的草地,真是委屈了你。但是他也是受了别人的蒙蔽,你得原谅他啊!"

"啊!"不幸的鲁迪答道,"我早知道不是他的过错,我在顶穷困的时候也没有怨恨过他的。亨美尔用伪证诬陷我,他怎么知道呢?老主人做人很好,后来还常常给我施舍,给我食物,上帝保佑他吧!假如他也像您一样,亲自到我们村里来访察访察,来和我们谈谈,事情一定大不相同呢!"

"鲁迪,你得把那些事情忘了。草地现在又是你的了,我以满腔的热忱希望你得到快乐。"

鲁迪想要表示他的愉快,他的感谢,可是没有方法表示出来,一瞬之间,他的眼泪潸潸地涌出了,他握着双手,说道:"啊,大人,我母亲给我的祝福应验了!她临死以前向我说道:'鲁迪,你是会有好结果的。'唉!假如她不死,她能看见今日的情形!"

亚纳和牧师都深受感动,停了一会,亚纳才说道:"我差一点忘记说了,亨美尔还得把余债和诉讼费用付还给你呢。"

"我还可以说句话吗?"牧师问道,"鲁迪,他确还欠你的债,但是他的现状很苦,我想你的心肠很慈悲,一定不愿使他在这种老年时代沦为乞丐的。怜悯他吧,鲁迪!"

"牧师先生,我决不会想到他欠我的余债的。假如他真困苦,——那么,我的草地所生的草尽可以养活三头牛,我自己只要养两头,便很够花的了。我很愿意亨美尔用我的草养一头牛,终其余年。"

亚纳对于鲁迪的决心很是恭维,但是叫他仔细想想再实行;鲁迪告别的时候,亚纳向他说道:"屋下面的畜栏里有一头牛,我的祖父委屈了你,我特地送你这头牛,代他向你请恕的。我已经吩咐了,叫他们从亨美尔的仓里运一车干草到你屋里去;假如你要木材修理房子畜栏,你可以到我的山林去砍。"

鲁迪走了以后,停在牧师家里的人们都沉默了一会,眼里含着泪珠。忽然两家的孩子要去看鲁迪的可怜的孩子,两家的父母也都允许他们去看。亚纳给鲁迪家里带了一腿仔牛肉,放在车子里,牧师太太又另外做了一份很丰富的汤;亚纳的仆人带着食物先去鲁迪家里,大队随后就到。他们走进鲁宅,只见室中除了鹑衣百结、饿容满面的孩子以外,一无所有;在在都现着极端贫乏的样子。"而这位鲁迪,"亚纳向着太太们说道,"对于使他这样受罪十年之久的人，却愿分予三分之一的干草呢！"

"那决不行！"茜露沙急得叫道，"他有这么多孩子，却要把自己的所有给那混蛋！不行，哪怕一个便士都不行！"

"亲爱的，"亚纳说道，"上帝使他由受苦受贫养成了良善的美德，宽宏的大量，连你也不禁为他挥了一掬同情之泪，难道你却想要限止他的美德大量吗？"

"不，那我决不会！"她叫道，"让他把所有的财产都散了吧，上帝是不会遗弃这样一个好人的。"

亚纳转身叫鲁迪拿点东西给孩子们吃。但是小鲁迪拽拽父亲的袖子，向他耳语道："爸爸，我要拿点东西送给格姝去。"

亚纳听见格姝两字，追问那孩子说的什么。鲁迪便把小鲁迪怎样偷了格姝的白薯，母亲临死怎样的吩咐，廖泥匠夫妇对他们怎样爱护，一一向亚纳说了，并且说："大人，今天我真快乐极了；但是我若不去请这两位好人来分享一点，我便一口也吃不下呢！"

两位太太都极力称赞廖泥匠的妻子，小鲁迪异常兴奋，跑去请廖纳德和格姝吃晚餐，廖氏夫妇当初不肯去，经亚纳派了一个仆人去请，方才去了，低着头，很不好意思似的，鲁迪的孩子虽然有茜露沙和牧师太太对他们很好，可是格姝没到以前都不十分快乐，格姝一到，大家便一拥上去，笑着抚着。

亚纳和茜露沙看见那种景象，好一会儿，方才含着眼泪默默地告别。"车子慢慢走一会儿吧，"亚纳向车夫说道。车子上山的时候，他们看见禽贩走近了，茜露沙向她丈夫说道："这次的事情根本靠了这个人，他受了苦，该给他点报酬呢。"

"克利斯多佛，"亚纳唤道，"我太太说，你装了魔鬼该得点报酬呢。"给了他两个泰牢。

"大人，"禽贩说道，"这样一来，我倒此生此世天天愿装魔鬼了呢！"

"不过，"亚纳答道，"你得当心村里的狗没有缚住啊。"

"是呀！"车子往前去了。

当天晚上，根据亚纳的命令，把亨美尔带到界

第十五章　明刑

石的旧址，勒令他把一切事物都修复了原状。一大群兴奋的、无秩序的村人跟着去了；学生们从墙上树上向他丢掷种种的东西，女孩子手扯手在篱笆后面站成一长排，向那奇特的行列笑谑。家家户户的人都威吓他，咒骂他，——只有一个家庭是例外，廖纳德的茅屋里看不见一个人，所有的门窗都关着。

第二天犯人到断头台下去的时候，为免再有这种现象起见，亚纳下了一道严格的命令，只准前天最先到教堂参与晨祷的人，才能跟着一块儿去；并且派了哨兵巡守各处，不许外人走入村里，不许杂人加入行列。凡是参加行列，参观亨美尔受罚的人，也得严守秩序，遵行礼节，否则押回蓬那。

牧师畅论犯罪的痛苦，正义的愉快，到会的听众莫不深受感动。亨美尔好像牧师手中的一块镜子，到会的人，人人可以从中看出自己的罪恶。牧师说完，走下说教坛，和犯人和蔼地谈着；他看见亨美尔因为饿极疲极，支持不下，便叫人从自己家里取了饮食给他。亨美尔精神恢复一点之后，大家才又继续进行，牧师与他并肩行走，沿途一直做着祷告，村人默默地跟在后面，蓬那的丧钟也奏着哀音。

到了断头台下，亨美尔赤着脚，光着头，站在众人面前，说了三遍："我该死在这里！"

一个绞刑吏大声地答道："是呀，你的骨骼该在这里朽烂，天上的飞鸟该吃你的血肉！"

亨美尔又三次答道："我该受这种处罚！"

"法吏，赦了他！别杀了他！"法官厉声唤道。

"我把他怎么办呢？"

"把他绑到断头台的柱子上，手缚到桩子上面，用种永不褪色的黑色染料把这伪誓者的手指染上三遍。"

执行黥刑的时候，法官回头向着群众做着如下的劝诫："谛听谛听！你们的主子兼父母官叫我向你们说，你们谁不怕这种甚于死刑的耻辱，就照这可怜的人，受这同样的刑罚！"

第十五章　明刑

第十六章 善邻

一个整齐严肃的家庭和一个秩序混乱的家庭

村里的丧钟鸣着的时候,格姝正和子女在家里祷告。祷告以后,她便照着自己对格德邻弥留时所应许的话,去看大鲁迪,看他在母丧以后,有无需要自己帮忙的地方。她看见鲁迪的孩子刚从床上起来,鲁迪自己也好像时间不够一样,没有穿着整齐。孩子们的衣服都乱七八糟地丢在地上,桌上蹲着一只猫,先晚喂猫的脏盘子还在旁边。格姝告诉鲁迪,说这种一塌糊涂的情形不是长久之计,可是鲁迪竟似不大了然的样子。最后他才满眶眼泪地答道:"邻居,你说的都对,但是穷得要命,又有什么办法呢?"

"鲁迪,这就是你需要别人帮助的地方;这是一种根深蒂固的毛病,你应该认真地割除。"

"啊,我想一旦我不愁没吃,孩子们不愁挨饿,这个毛病自然会好的。"

"别自己欺骗自己吧，要养成善良的整洁的习惯，并不如你所想象之易呢。鲁迪，我们不要空谈了；我们要立刻着手去工作。在太阳下山以前，我们得把这间房子弄好，使谁也认不出来。桌子、窗户、地板，都得擦干净；房里每天都得换气。我想你的孩子之所以弄成一副病容，便是日夜没有新鲜空气可以呼吸的缘故。你的妻子一直到死都不管管家里的事情，真是一件不幸的事！一个妇人，无论家里怎样贫苦，这样毫不花钱的事情总得给她的丈夫子女做做啊。"

"我母亲也是这样说过她的；但是她因贫苦，以至于能做的事也不做了。我从昨天起便有一种思想，觉得她和我共了辛苦，总得回来和我共点安乐。"

"鲁迪，现在她比我们安乐得多呢！你要是纪念她的话，最好的办法就是好好地养育你的孩子，使他们长大了不要像她自己一样的愁苦。相信我的话吧！养孩子是小事情都得注意的，孩子们早晨早起了半个钟头或迟起了半个钟头，星期日的衣服穿了之后是乱丢在旁边，还是小心地叠好搁开，都是极有关系的；孩子们不能一天到晚随随便便，他们应该知道一天之内自己所该做的事情。如果你不注意这些细节，就是最驯良最快乐的女孩儿，一旦长大，自己有了儿女，也是一反故态，变得潦倒不堪，没人敬重的啊。"

"我的妻子就是这样的！"鲁迪叹道。

"我认识她的父母，"格姝接着说道，"他们家里全是一塌糊涂，毫无秩序；加之她又受了弗利格牧师的蛊惑，一心梦想圣约翰的默示，好像自己除了诵读她的梦想以外再没有别的事可做一样。"

"是呀！她一心想着自己的书，凡事都是心不在焉的，有时我真怕她把屋子烧掉呢。书就是她的天堂，她的乐园；她一见书简直什么都忘了，把我与孩子们也忘了。"

"那真是可怜！"格姝说道，"女人的书只能像她的礼拜日的衣服一样，工作才是她的日常便服。"

"她就把礼拜日的衣服天天穿着。"

"穿多了，坏了，连做日常的便服都不配了。"

"最使我为难的是,"鲁迪说道,"她又懒散,又极信奉上帝,总要孩子们做祷告。"

"唉!无精打采地信奉不是真的信奉,一个人若是懒懒散散的,自己固然不能正当地祷告,而且也不够教孩子们祷告。"

"你说得真对;后来她到没有吃的时候,书也不理了,也不和孩子们祷告了,尽自相对着哭泣。"

"鲁迪,那就是你的一个好榜样!教孩子们祷告的时候,应使他们愿意工作,要工作才不至于厌倦祷告。"

"我一定把顶大的两个孩子送到一个成衣妇那里,叫他们学学缝纫。"

"但是你得先让他们穿着整齐,他们才能出屋子呢。"

"好,那么给他们买点布做件衣服吧;这种事我是全不内行的。明天我一定去借钱。"

"鲁迪,不用借吧。我给你买布,你收了刍草再还我好了。"

"为什么不借呢?"

"善于理家的人是不剜肉医疮的,因为有钱出借的人一百个人中难得一个不重利盘剥的。你的苦受够了,现在应该好好地爱护上帝所归还与你的财产。"

鲁迪告诉格姝,说他答应了亨美尔,把草地的收获分一些给他;殷殷地问格姝反对不反对。格姝以前不知道鲁迪有这种意思,听了之后,立刻把鲁迪恭维了一顿,赞美他不念旧恶的宽宏大量。他们一面讲话,格姝一面帮孩子们洗浴,轻轻地给他们梳头发,叫他们好好地穿上衣服。然后又从自己家里提一桶水,一个扫帚,几只刷子,帮他打扫房屋。她亲自弄了一会儿,才告诉鲁迪带着孩子们接着去做,说如果孩子肯听话,做得好,下午便可以打发他们到她家里来。格姝走了之后,鲁迪待了一会儿,心中想道:"假如我有这样一个妻子,那真抵得升了天堂呢!"下午他打发孩子们到格姝家里去的时候,特别用了一番心思,把他们的脸儿手儿弄干净,头发衣服弄整洁;这是多年来没见的事,连孩子们都自觉奇怪,邻居看见都互相说道:"他一定又想娶亲了。"

廖泥匠的孩子们正在纺纱,看见小客人来都很欢乐地迎着,可是没一个停止工作的。格姝向他们说道:"赶快吧,快点纺完,好和你们的小朋友一道玩,玩到六点钟。"鲁迪的孩子看了这种美丽的工作和廖家的一团和气,都张着口在出神。"你们知道纺纱吗?"

"不知道。"他们答道。

"那么,好孩子,你们得学学。我的孩子们有了这种知识,哪怕人家肯出重价也是不肯卖的;他们每逢到了礼拜六,赚了几个克鲁便很快乐了。好孩子,一年的日子很长,如果我们每周赚点钱,一年下来,不知不觉的便存得多了。"

"啊!教教我们吧!"鲁迪的孩子挨着她说。

"我很愿意教你们的,"格姝答道,"每天来玩吧,不要多久就可以学会的。"

那时廖家的孩子工作完了,放开线纱和纺车;他们领着鲁迪的孩子,大家手牵手,在草地上的树荫下跳着玩耍。格姝的孩子玩的时候特别小心,不蹈污泥,不触荆棘,知道当心自己的衣服。鞋袜松解了自己也知道弄好,并且还不时地告诉鲁迪的孩子:"你的袜带掉了",或者"你身上会弄脏",或者"当心荆棘会扯破你们的衣服"。鲁家的孩子也并不因此而生气,因为他们知道廖家的孩子所说的话,他们自己都照着做了,并没有妄自骄大的意思。

钟打了六点,格姝的孩子便都跑进房里,像日落时的鸟儿归巢一样。他们向他们的客人说道:"你们一块进来吗?我们要做祷告了。"他们做着一个游戏,名叫"猫尾巴",大家连成一条长线,经过草地,升上阶墀,一直摆到桌边坐下。格姝问她的小客人:"好孩子,你们不回家做祷告吗?"

"我们要临睡才祷告。"顶大的一个答道。

"你们什么时候睡呢?"

"谁知道!"那孩子答道。

另外一个说:"快黑了就睡。"

"那么跟我们一起祷告吧,祷告之后就正好回家了。"格姝听着自己的孩子一个个的祷告完了,又让鲁迪的孩子背了他们所知道的祷词,然后把他们送到屋子的转弯处,欢欢喜喜地道了别,叮咛他们常常来玩。

第十七章　谤贤

混乱统治了全村，只有一家是例外

囚禁中的亨美尔因为受了牧师的同情和仁爱的感动，便把自己的身世详详细细地说了；他的身世和全村的人都有干系，因而连带把全村的历史也说了。这样一来，牧师对于村里每个家庭的状况，一切行动的背景，全都了如指掌。村里的人听说亨美尔把一切事情全向牧师说了，那种普遍的恐慌情形真非纸笔所能形容。无论哪里，村人都是三五成群的，交头接耳，现着够神秘的样子；惨白惊悸的面容，随处可见。吵嘴的夫妇都突然言归于好了，最冥顽的儿童也立刻变得驯顺听话了。事过境迁，久已无人忆及的事情也有人无缘无故地提到，亨美尔所引起的同情全都消灭得无影无踪了，那种同情心发生得固然快，消灭得也很迅速。最着急的是乡长们，他们召集村里的富农开了一个会，决定贿赂亨美尔，叫他别再暴露他们的罪恶。但是他们行贿的努力全归失败，因而改易方针，想挑拨亚纳和牧师的感情。

这时果然起了一种谣言，说上次村会的事完全不对，都是禽贩用魔力把大家蒙蔽了。乡长们因为这种谣言正合他们的计划，尤其尽力地传布。许多古老的神怪故事都因此出现了。大家谈论凶宅，又回想到某个铁匠每逢倒霉的时候，常常先有老鸦蹲在他家的某棵树上。后来他把那树砍下烧了，自此以后，除了铁匠本人疯了，不能不手绑脚扣以外，他家走的便全是好运了。做母亲的人都告诉孩子们，如果他们不听话，黑人便会来捉他们。靳荷兹的妻子平素为要取得牧师的欢心，叫孩子们勿信鬼怪，现在也每日早晚都要他们背诵圣经以避邪怪了。

廖纳德和鲁迪的孩子们所玩的"猫尾巴"游戏，也成了大家怀疑和物议的对象。干酪商的妻子，她好像生成是以善为恶、小题大做似的，不幸鲁迪的女儿玛格，在路上遇见了她。她决心把大家怀疑的神秘问个水落石出。她貌为亲爱地和玛格握着手，仔细地和她做着下面的问答：

"你们孩子们昨天在廖泥匠家里玩得很好吗？"

"是呀！"

"好孩子，房里不是有只美丽的猫吗？"

"有的。"

"是一只黑猫吗？"

"黑得像煤炭一样。"

"它的眼睛不是很凶吗？"

"是，它在椅子下面的时候眼睛是很凶的。"

"猫有些什么动作呢？"

"没有。"

"难道它全没动弹吗？"

"它跑来擦着我们的腿，有一次还差不多跳到我的膝上呢。"

"是在做祷告的时候吗？"

"难道猫知道我们是在做祷告便不跳了吗？"

"你触了它没有？"

"是呀，触了的。"

"也是在做祷告的时候吗？"

"是，因为它隔我太近了。"

"你们祷告的时候不合着手吗？"

"当然合着的。"

"那么，你怎么能够触它呢？"

"是用腿在桌下触的。"

"它不是黑得像炭一样吗？"

"不是全身都黑的。"

"但是差不多全是黑的，对吗？"

"对。"

"它的眼睛很凶吗？"

"我已经告诉你了，它在椅子下面的时候眼睛是很凶的。"

这段谈话立刻传出去，再加上一些渲染，于是旋即发生了一种谣言，说廖家的猫不是普通的猫，说廖家所经过的事情亦不如他们所知道的一样。这个谣言传了很久，虽然没人告诉廖纳德或鲁迪，但是廖鲁二人觉得别人对他们的神色不对，他们的孩子们也常常满眶眼泪跑回家里，说村里最好的孩子都不和他们一起玩了。最后才有个邻居跑来告诉廖纳德，说村里的一个长舌妇人名叫"油嘴泼格"的，散布了许多离奇古怪的话，破坏他的家庭，并且又把正在流行中的荒谬的谣言也告诉了他。廖纳德听了之后，气得面色惨白，不能自制地像疯了样一直向泼格家里奔去。那时泼格正和她的几个好友在屋外的井边，刚把坏话又向她们说了一遍，突然看见廖纳德跑来，盛怒着责备她，她吃了一惊，立刻取消自己的话，当着许多旁观的人宣布自己的诬蔑并没有根据。

自此以后，大家才不再谋害廖泥匠的家庭了，但是农人们对于禽贩却更加非难起来，说他用掩眼法把他们都蒙蔽了。当克利斯多佛照常再到蓬那村来帮安堡买鸡鸽和鸡蛋的时候，大家连蛋壳都不卖一个给他了，谁也不让他进屋去。禽贩不知如何是好，最后放下篮子，走到他的老朋友绿庇的门前，坐在凳上，窘得叫道："干了这件鬼事，拿了几个钱，我真倒霉啊，邻居。"

"你为得几个钱竟干起这等事来了，上帝都不容的！"绿庇从凳上跳起来，离开他的危险的邻坐，这样叫道。

一点钟后,全村都知道禽贩自己来承认和魔鬼有了勾结。富农和乡长们得了这个谣言,更增决心反对分配公地了。唯一的问题就是怎样达到这个目的。他们本想公开地宣言,说他们之所以答应分地,是受了人家的欺诈,要撤销约言;但是他们的勇气不够,不敢这么办,只得大家商量,要想个最妥善的方法把分地的日子拖延下去。当时有两种意见:一派主张把事情延到秋天,然后再向亚纳请求,说大家的牲口太多没有公共的牧场不行,不能在那时把草坪分了;一派主张选一块没用的、充满荆棘的贫地先行公分,作为试办,将来亚纳一定会归咎于分得者的懒惰而生气的。经过长时的讨论以后,他们决定两者兼用,请新村正梅饶向亚纳进言。梅饶最初本不愿做这种事件的傀儡,但是经不得有力的村友且劝且讽,也就不顾一切了。

同时,亚纳差不多每天都抽出一部分时间去考察那块公地,仔细考察地方的全部支配,断定哪几块宜于畜牧,哪几块宜于耕种,哪几块只宜芦苇木材的生长；可是村里的人谁也不知道他在考察。

全村之内只有一家茅舍不受这种搅攘的侵袭，那就是格妹的家庭。只有她才不受周围的败德的事情的玷污，她常有许多的箴言，指示她自己和别人应走的路径。她的箴言有些是："事不关己，切莫插嘴"；"不知之事不妄言"；"见人高声细语当走开一步"；"事若应做，用心去学"；"理智情感，各有定限，理不妄施，情不滥用，用情用理，心必自主"；"我所承恩之人，我所爱护之人，当尽心力以助之"。她有了这些箴言做指导，她的治家处世的本领遂很高明，在村里混乱的整个过程中，她没说过一句可以引起误会的话，没有说过一个可以产生敌忾或笑柄的字。

鲁迪的孩子差不多每天都到她家里去，时时从她学到注意自己和注意别人的态度。他们纺纱缝纫的时候，她就教他们学着计算，因为她认为算术是一切理智活动的基础。她的方法是让孩子们把线和针来回地数，由针线之数学着加减乘除。孩子们做这个游戏的时候，彼此竞争，看谁算得最快最正确。

他们疲倦了便唱歌,早晚格姝更和他们一起祷告。她教给孩子们的一首得意祷词是:

> 主兮圣且仁,锡我佳阳春。
> 无主无万物,一切自主生。
> 惠我康宁躯,载此无瑕心。
> 良知无沾碍,愿言长久存。

第十八章 报怨

患难之处才见真交情

亨美尔经过良善的牧师几番劝诫，心里深自颓丧忏悔，觉得世界上除了那位牧师以外，再也找不出第二个能以同情之心待他的了。他常常坐在牧师的房里，满眶眼泪，痴头痴脑地待着，有时酒搁在面前也不喝了。有一天他正是这样的坐着，忽然门开了，鲁迪走进来。亨美尔吓坏了，一声不作，痴痴地望着他，然后一下跪倒，求那被害的人的原谅。"站起来吧，村正！"牧师说道，"他早已原谅了你呢。"

他们把那可怜的人搀扶起来，他战栗着说，说他觉得鲁迪的母亲一定会在她儿子身后出现似的。"但是你不知道，她已经死了呢。"鲁迪说道。

"我知道她死了！但是我总觉得她会在这里出现，来责罚她的仇人。我想她临死的时候一定因为我害了她,使她受苦,咒骂了我吧!"

"没有的事,谢谢上帝!"牧师说道,"贤淑的格德邻弥留之际原谅了你,还为你做了祈祷,愿你一切都好。"

鲁迪也把他母亲临终的口信转达了,这才使亨美尔忏悔之余,良心上得了最大的安慰。后来牧师又告诉亨美尔,说鲁迪宽宏大量,答应把新收回的草坪所出的刍草,分一部分给他养一头牛,亨美尔感动极了,不知怎样措词才好;他自被囚以来,这是第一次自觉精神振奋呢。

就在这时候,亨美尔的妻子倒霉透了。她几天以来,受惊受急,害了病,不幸又落在庸医杜亦芳手里,他用几滴"神水"给她吃,把病象一下增剧了,连她自己还不知道是什么缘故。亨美尔听说妻子病了,求得了牧师的允许,当晚回家去了。他发现妻子的样子改变得很厉害,但是她看见丈夫回家,很是快乐,两人私诉别情,谈了很久。

"你知道吗?"她问道,"这次谁对我们最好?你一定猜不中的。自从你被捕以后,魏斯特每天傍晚都到这里来，替我劈柴、挑水，帮助一切。此外鲁迪和格妹对我们很好，但是现在她因我服了杜亦芳的药，很是生气，她说那种药她知道害了许多人的。"

"假如我在家里也一定不会让你服的，"她丈夫答道，"但是我的朋友对你怎样？难道他们对你极坏吗？"

"你差不多猜对了。他们最初都很够交情的，答应我这样，答应我那样，只求我设法使你在供状中不要连累他们。但是突然间，不知为了什么，他们都仇视我们了，说出许多最可怕的威吓。油嘴泼格竟于井边上和廖纳德闹了以后，气得发狂似的，跑来向我大喊，全街的人都听得见，说'全是你的过错！你的家庭最坏，谁和你们发生来往谁就倒霉！'最坏的是克利喜，他只要有点机会便嘲笑我们的不幸，早一日竟在大街上向我伸着舌头，说我们曾经想害他得不到牧师的施舍，现在自己得了牧师的施舍应该是很满意了。"

"但是我敢说他从上礼拜三起便没有得到牧师的

施舍了，"亨美尔说道。

"你说得对；但是什么原因呢？"

"因为他礼拜二晚上得了报应。你知道的，每逢礼拜二晚乞丐们便到牧师家里去领面包。克利喜打发自己的一个儿子去，说他病在床上，什么都没有吃的。但是牧师是骗不了的，搭信转去，要他亲自去领；他在黄昏时候便果然去了。牧师就在我隔壁房里，拍案痛斥他的卑鄙龌龊，那种情形我是永远忘不了的。克利喜半吞半吐地说他倒霉，常常有人诬蔑他，但是牧师吩咐他马上滚出去，可惜牧师上了年岁，没有力气用手杖打他一顿呢！那小子该打！"

亨美尔夫妇正在这样谈着的时候，村里有些鲁莽的人正在进行一个阴谋，次早五点钟亨美尔回去就囚的时候，突然遇着一个人，半藏在路边一株老坚果树的后面。亨美尔吓得退了一步，但是来者却走上前，叫道："真是你吗？村正。我以为你被关起来了呢，原来你却在街上走！"

亨美尔一看侮辱他的那人的态度，又嗅着一股白兰地味，知道他是被别人利用的。亨美尔回到牧师家里，沿途都有人大声地詈骂，弄得好些人从床上起来，跑到窗口看看究竟是怎么一回事。这就恰恰如了阴谋发动者的心愿，因为这样一来，全村的人就会把亨美尔晚上回家的事情作为谈资，一旦传到了亚纳的耳里，亚纳就会不以牧师为然的。但是哪知牧师因为正替米舍尔写了一封信，要米舍尔送到亚纳那里去，顺便已经把释放亨美尔回家一宿的事情告诉了亚纳。

米舍尔到了安堡之后，略候一会儿便见了亚纳，亚纳把他从头到脚打量了一番，便吩咐他把村人在他祖父的时候从安堡偷盗东西的情形仔细陈述。米舍尔遵命报告，说他和亨美尔的仆人把没打的谷穗从堡里的仓中偷出，用绳子从堡中放到濠内，然后由濠内再运往酒店；又说他自己曾经屡次把堡里顶好的橡树和枞树的记号移去，然后帮助农人们砍下来，据为己有；又说他们常常在酒店里和堡内的仆人以工具、绳索、篮子相赌博；又说至今还有许多农人所穿的衣服，里子是从堡内偷来的麻布，无论哪户人家的车子、犁头、酒桶之类的东西,多少都有安堡的记号;又说所有的商人、冶匠、锁工、车夫、木匠、细木工、裁缝、鞋匠都替亨美尔做事不要工钱,因为亨美尔可以帮他们从安堡偷取各种各样的东西。

米舍尔的态度很坦白直率,他又很光明,能把自己曾经参与的不良行为直言无隐,使得亚纳很信任他,和他把村里的事情谈了很久,最后吩咐他回去的时候,又叫他把堡内偷去的物品造张清单。

贤伉俪

第十九章　诳上

新村正找着了一件难差事

　　米舍尔刚刚走开，梅村正便来了。亚纳迎着他，他的回礼却显得很局促的样子；亚纳不觉叹道："他还没有做上一个礼拜的村正呢！就显得连国家都可以卖掉的样子！"

　　梅饶旋即委婉曲折地向亚纳说分地一事困难很多，依他的愚见不如先分一小块试试，比如森林附近的一块不妨先分。

　　"你讲的是哪一块呢？"亚纳问道。

　　"顶上面，介在枞树与小山间的一块。"

　　"那块吗？"——亚纳注视着他。

　　"是，——除非您觉得别块更好。"

　　"但是，"亚纳又注视了一眼，"你说的真是那块吗？"

　　"是。"

"你是正经地说吗?"

"村里有许多人都是这样觉得。"

"你和他们是一样的见解吗?"

"是的。"

"那块地的情形你熟悉吗?"

"也还熟。"

"你自己有地在旁边,你对于那块地的情形应该是彻底明白的。"

"是,我还很明白。"

"你想我不明白吗?"

"我并没有那样想。"

"没有想什么?"

"想你不明白那块地的情形。"

"假如你知道我明白那块地的情形,你还会主张我先分那块吗?"

"我真抱歉得很!"

"为什么抱歉?"

"因为不该向您建议先分那块地。"

"为什么不该建议呢?"

"因为你似乎觉得那块地不好。"

"你不觉得那块地不好吗?"

"我,——我不能说它好。"

"那么,你为什么把它推荐给我呢?"

"乡长们都要我这样说。"

"他们为什么要叫你这样说呢?"

"我也不知道。"

"我信不信倒没有干系;但是有一件事情是定规了,——不独角上的那块要分,整个的公地也是要分的,而且一点不能拖延。"

"假如我再多一句嘴,您不会见气吗?"梅饶又说道。

"当然不会的。"

"那草坪今年夏天很难得分成功呢。"

"为什么?"

"因为村里的人若是失却牧场,谁也不能养活牲口的。"

"难道村里的干草不够吗?"

"是呀,他们说干草太少,牲口太多。"

"所谓'他们说'是什么意思?难道你自己没有把握吗?"

"大人,我是没有十分把握的。"

"唉,真的!但是你也许知道自己有多少干草吧?"

"是,知道的。"

"你的干草够喂牲口吗?"

"我不能抵赖说不够。"

"去年的收获很好,我相信个个农人的境况一定都是和你一样好的。但是为求正确起见,顶好再去数数牲口,量量干草。你今天便得领着教吏去做完这件事;然后我们就可以知道这块公地今夏是不是需要了。"

梅饶虽则心里惊慌,但是答应了他们一件事还没有说,于是鼓着勇气,吞吞吐吐地报告,说牧师先天晚上把亨美尔放回家去了。

"这件事情是你自愿报告的,还是受了别人的唆使?"亚纳问道。

踟躇了一会儿,他才答道:"他们叫我报告的。"

"他们是谁?"

"乡长们。"

"他们的名字呢？"

梅饶面如死灰地说出了人名。

亚纳说道："你怎么和这种人通消息呢？是一个个见着的，还是他们在一起吩咐你的？"

"他们在一起。"

"在哪里？"

"在靳荷兹家里。"

"在那里做什么呢？"

"我，——我也不大清楚。我只在那里停了一刻刻。"

"我想你对于他们在那一刻刻之间所做的事是知道的。"

"是，是，——他们想阻止公地的分配。"

"所以你便让自己当作他们的工具，向我说谎，以期达到这个目的？"

梅村正自知有罪，眼睛俯视着，默不作声。亚纳觉得他可怜，说道："梅饶，我姑念你是初犯，不怪你；但是下次不可再骗我啊！现在走吧！领着教吏照我所吩咐的去做。明天给我把清单送来。"

梅饶满心难过，回到乡长们秘密集会的地方，宣布自己斡旋的结果。他感觉大家对他的态度不对，不愿久留，立刻动身去找教吏，全没有疑到地主们恼了，打发送信的走他前面去了。

他到教吏家里的时候，教吏的小女儿告诉他，说她父亲刚刚上市场了，不到晚上不会回来；他心里又是惊奇，又是烦恼。他最初本有点怀疑，仔细地考问那孩子，可是那小姑娘坚持不改口，梅饶受了气，像要哭的样子，愤愤地就走，背还没有转过去，她便当着新村正的面乐得大笑起来，因为她父亲躲在火炉后面，她没有寻得出来！

梅饶失望之余，又回到靳荷兹家里，要乡长们抽一个人代替教吏去帮他的忙。但是乡长们都不肯去，使得梅饶很是进退维谷。最后，休格主张不如叫每个地主各自造张清单，报告干草和牲口的数量。梅饶想了一下，说道："好，但是报告的数量得宣誓为凭呢。"

"对，当然得宣誓为凭的！"农人们彼此使着眼色答道。清单就是这样地造成了。

梅饶第二天一清早便把清单送给亚纳，说因为教吏不在家，所以不能严格地遵守他所吩咐的去做。

"你为什么不在乡长里面抽一个人去代替呢？"亚纳问道。

"他们谁也不肯去。"

"你是不是告诉了他们，说我急于知道结果，而他们仍不肯帮你的忙呢？"

"他们不肯；我说了许多话都没有效力。"

"那么，把这张清单带回去，当着乡长们的面，把各人的报告向他朗读一遍；然后叫乡长们签字为证，在村会开会以前再带转来。"

农人们听说要当着证人承认自己的报告，本不愿意；但是因为无可奈何，只得遵办，把清单缴还。亚纳收了清单，吩咐梅饶领着教吏，又请米舍尔和禽贩做帮手，立刻按户去点查干草和牲口的数目，仔细地确切地另造一份清单。他又吩咐撞钟召集村会，他说："因为点查的时候，我不愿地主们在家里；如果某家的主妇主役有所反抗，便叫佛令克把他们捕来。"然后又派一名哨兵守住会场的一切入口，非俟散会以后，谁也不准借故退出。

第二十章 异会

一个稀奇的集会

全村的人很快都到了菩提树下；但是农人们的行动都很奇怪，破了蓬那村的往例。平素趾高气扬的人都偷偷地走着，垂着头，像老太婆一样；从前的仇敌却并肩地站着，秘密地在谈心事；有些人本是一天到晚口不停说的，此刻寂静得像死一样了；有些人每逢村里开会便得穿上星期衣服的，这次却穿的是工人服装了。大家坐在那里都没有话说，许多人都问邻坐，看天黑以前是不是会下雨，一连问上两三次！有几个乡长看出大家的恐慌情形，便装出一副胆大的神气，谈谈说说，故意作出个并不害怕的样子。最后，杜比来了，杜老头是从不到会的，他带来了一个消息，说梅村正、教吏、米舍尔和亚纳的禽贩一道到村里去了，并且还带了纸笔墨水。

这个消息一传出来，立刻像野火般传遍了会场，吓得大家惊慌失措。一会儿功夫，甲说手巾丢在家里；乙说烟卷没有带来；丙说有重要的事情必得告诉他的妻子；丁说家里有东西没收拾，恐怕丢了；有一个人甚至于说鼻子出了血；——总之，多数的农人都立刻要回家去了。可是哨兵不准他们走，说手巾烟卷可以借用，鼻子出血可以到菩提树下的泉里去用水洗洗。

他们只得回到座位上，一会儿上面传出一道命令，唤乡长们和地主，一共十七个人，立刻到牧师家里去，大家更着急了。被唤的人虽则有点害怕，也只得去了。当时亚纳再三劝他们自动供招，可是没有效力，亚纳刚刚说完，卡巴李就叫道："你所说的，你所责备的，我们全不懂！"

"你所说的'我们'是哪些人？"亚纳反问道。

"啊，没有谁，——我只说我自己一个人。"

"不对，卡巴李，你们事先一定有了勾结，所以'我们'两字便不觉脱口而出了。你想知道我斥责你们的理由吗？听着吧：你们盗用了公物，虚糜了公款，对于自己经手的一切事情全不忠实，只知欺诈。"

亚纳的斥责很明确,这是他们所料想不到的。大家面面相觑,默无一语。后来有一个鼓起勇气,要求依法调查,其余的也都附和着,说自己无罪。

"够了!"亚纳说道,"从现在起你们是囚徒了。现在派兵送你们回到各自的座位,可是绝对不准交谈。走吧!"

这十七个人被押回去的时候,全场都像死一般沉寂。亚纳跟着也到了,吩咐大家坐下,十七个嫌疑犯则站在他自己的面前。然后叫教会执事把他们从安堡偷窃的物品一一朗读。他读道:"金纳斯的畜栏里有两架辘轳是从安堡偷去的;卡巴李的独轮车是从安堡偷去的"等等。十七个人中十六个都有关系,他们站在那里吓得手足无措,亚纳和他们的朋友都劝他们从实招了,他们也视若罔闻。倒是诚实的雷南德雷老头,平日看见同伴们的胡作非为早已忧虑得很,这才站了出来,面色灰白,战栗着说道:"大人!我头发都白了,决没有偷过堡里的东西,这是可质天日的;但是你的斥责一点不冤枉。"

"雷老头,"亚纳说道,"我见了你的白发真有无限的同情。我也很知道,你的错处在于不该看见他们胡作非为默不作声,你同这种不肯自己认罪的人在一起,真使我伤心呢!"他一面说,一面望着那十六个人;他们终于丧了脸,跪到地上,求他的饶恕。

这时派到村里去量干草、数牲口的人已带着清单回来了。亚纳把新旧两张单子仔细对了一遍,发现有二十二个人报了假数;跪在他面前的十六个人也在其内。他唤其余的六个来前,当时有四个立即遵命来了。只有那个圣器监守人和教师不肯露面。严格地说,他俩本不是地主,只因爱好面子,便学着富农的办法,把自己的一点点财产报了一个假数。

"还有两个不在这里吗?"亚纳问道。

"他们到了会的!"有人从最远的座位上喊道。

"谁说没到?"那圣器监守人和教师说着,走上前去,致了敬礼。然后合着手,假装正经地把眼睛朝着天,说道:"喂,亚大人,我除了从那个小小的教堂坪地收得的一点点干草以外,再也没有了;至于那一点点干草的数目报错了,真是不幸得很。"

"报错了多少?"亚纳利眼望了他一会儿,问道。

"一束。"

"你从坪地里刈了多少?"

"他们说是两束。"

"真的吗?他们说的不错吗?"

"是,——不错。"

"你上次报了几束呢?"

"一束。"

"我真不知道面前这些痞子还有比你更谎报的没有!少报了总数的一半!"

他不作声了,教师又要求发言,说他的一头牛早几日被人牵去了,他不知道。"我真抱歉,"他又说,"但是我确是忘记雷布斯泰的屠户来把它牵走了。"

"你的记忆一定不大好吧!"亚纳说道。

"是呀,过去不久才是这样的;畜厩的事情多半由我妻子照管,我的校务太忙了。"

"那么,你报牛数的时候便得叫你妻子负责,否则你也得亲自去看看,看到底是两头还是一头。"

牛贩子斯托夫站起来说道："亚大人，我就真是冤枉了，因为我所报的牛数，是我天天期望到来的数目呢。"

"谁问你期望有多少头牛的？我只问你现在有多少头牛啊！"亚纳说道。

"大人，你说的对；但是我因为时刻以为它们会到，所以计算牧地的时候不能不算进去呢。"

"你报的数目比实在的数目多八头，对不对？"

"对。"

"那八头是从谁买的？"

"不止一处。"

"你以为什么时候会到？"

"顶迟三天以内。"

"八头都会到吗？"

"一定的。"

"那么，只要你所说的不假，算你有理。"

于是另外有四个人也站起来说着同样的理由。那个教师也说他也在等着一头牛，自己原来的那一头不过是牵去和屠户交换了。亚纳说道："邻人们，你们不可忘了，在你们的牛只干草没到以前，你们早就犯了不诚实和欺骗的罪；我之所以要设法看看你们所说的是不是真话，也是很自然的事。你们到我堡里住三天，等你们的牛来吧！"

没有一丝一毫的声响。"你们怎么了？"亚纳问道。

好一会儿没有答复，斯托夫才嗫嚅地说道："我的，——我的八头牛还没有十分定好。"

"你不是说你的八头牛后天一定可以到齐吗？"

"是的，只要我自己能回去，我相信都会到的。"

"假如你不回去，能到七头吗？"

没有答复。

"当心些！能到六头也就够了。"

还是没有答复。

"至少能到三四头吗？"

"只要我能搭个信回去，八头都可以到。"

"搭个什么信呢？"

"叫他们把牛送来。"

"不搭信就一头都不能来吗？"

"不能，我想不能来。"

"我也知道不能来的,并且根本就没有这样想过,正同我不相信那位教师把自己的牛和屠户换了一头一样。"于是亚纳很严重地和到会的人讲论欺骗诳语的罪恶。

第二十章 异会

第二十一章　德化

亚纳主持公道，临死的妇人祈求赦宥

亚纳听见各处的凳子上发出大声的谈论之声，知道农人们在非难那些跪在他的面前的不幸的罪人。"我希望我能够相信，"亚纳说道，"你们坐在凳上的人比这些跪在我面前的人比较好；但是我早已知道，村里是难得一个清白之家，家里没有我堡内的物品的，而且坐在这里的人所穿的外衣，其实里子所用的麻袋便有很多是从我的仓库偷来的。"

话还没有说完，哈托夫把外衣紧紧地在膝上贴着，面赤如焚，他的行动太明显了，惹起了邻座的注意，把他的外衣的小襟翻开，去考察衣里，一阵笑声随着而起，亚纳不禁追问原因。

"哈托夫的衣里有堡内的印记。"有一个人大声叫道。

"这衣里还是十年前买的！"哈托夫气极了。

"但是这不是新麻袋的商标吗？这种商标出世还不到五年呢？"另外一个人叫道。

"假如我是你，"亚纳说道，"我一定把外衣带回家去，免得大会为之喧闹不安啊。"那老伪君子受了这个暗示，方才走了。

亚纳吩咐教吏，叫他从教区中挑出十二个最贫苦的人，让他们坐到乡长们的座上，然后勒令跪在身前的二十二个人跪到他们面前，当众请求赦宥。教会中的执事把他们虚报的牲口干草和实在的数目一一大声朗读；使他们不能不在全村注视之下，从实招认。

在第二次集会的时候，亚纳便把分地的计划提出来告诉农人们，说，他发现了许多泉水，用那些泉水灌溉那块公地，便可以使它由牧场变成极好的草地，全村的人分了土地，个个可以从此每年增加三四百个佛罗灵的收入。蓬那的村民听了这话，正在转变畏惧亚纳的念头一变而为信任亚纳的时候，安罕的禽贩来向亚纳诉说他近来在村里所受的待遇。亚纳看见许多农人都表示惭愧，有些竟大声地说道：

"只要草坪分了,禽贩的妖术不久就没人记得了的!"

亚纳没有理会这些话,很严重地说道:"你们各人尽管各自行其所信,但是因此诬枉别人,我可不允许的!假如有人要说禽贩的坏话,他可以站出来说,我一定有公平的裁判!"但是谁也不声不响。亚纳又说道:"你们都不说话是不能使我满意的。我希望面前跪着的被告能受一点感动,承认他们之所以这样待遇禽贩,目的只是想要阻止公地的分配!"

乡长们面面相觑,雷南德要求他们从实供招。他们第一次顺从他的忠告;禽贩的问题就此解决了。

大家还坐在菩提树下的时候,牧师的工人来了,说亨美尔的妻子自信中了杜亦芳医生的药毒,要求放丈夫回去,送她的终。亚纳脸上的蔼然之气消失了,吩咐教吏立即把那庸医带来,不准耽搁;说话的时候声音可怕得很,那是他从来没有过的。教吏和那庸医本不相能,不久就转回来了,说那庸医明明站在窗口,但他的家人却说是病在床上,不能够来。"好吧,"亚纳苦笑着说道,"用病床把他抬来,小心不要伤了他吧。"当时立刻有几十个年轻的人站起来,听候他的吩咐。

杜亦芳自从教吏走了之后,心里很不自在,从墙上取下望远镜,登高探视下面的会场。他看见亚纳的讥讽的表情,不禁战栗起来。突然又看见亚纳身边绕着许多年轻的人,抬着病床,心里才又安静下来,以为是发生了别的事情。他于是走到地窖里面,拿了一瓶酒,想给自己压压惊;哪知刚走出窖门,便听见有急急敲门的声音,他从窗口看见门口一张病床,绕着一大群人。一切的抗辩,都没有效力;他终于不得不躺在病床的席子上面,让人家给他把被盖上,得胜地抬过村去。

病床放在菩提树下,杜亦芳恼极了,从床上跳出,抗议他所受的待遇;当时会众中一阵狂笑,连亚纳也忍俊不禁了。但是他突然忍住笑,严重地说道:"我早就禁止你用那杀人的药水;但是现在我要重申那道禁令了。谁要自愿受害,你尽管去用好了;不过如果有人死在你手上,你得给他掘墓。你年纪老了,力量不够,要你亲手去掘,想来也不容易。你可以雇一个散工,把你的许多扣子的灰外衣和假发借给他,代你去掘,你就坐在旁边看着好了。"他判决之后,便吩咐犯人退出,会便跟着散了。

那位良善的牧师赶急奔去看视亨美尔的临终的妻子,他坐在她身旁,脸上充满着同情,留心着她的一切需要。突然之间,她的痛苦好似减少了些,有种愿望悬在口边想要说出的样子,他便帮她说了,就是在她未死以前应该约集她夫妇所诬害过的贫苦人们,面求他们的原恕。牧师自己又走去找杜亦芳,一方面威吓他,说病人死了要验尸,一方面和善地劝告他,使他承认自己并不十分知道自己所用的药性,并且自愿以后再不使用那些药品了。

第二天一早,那些贫苦的人们都集在病危的妇人的门口。那时她已经醒了,格姝用手轻轻给她拭枕头,给她挥去额上的汗珠。集在门口的人有男有女,有老有幼,差不多一共有四十个人。牧师出来叫他们轻轻地走进去,他们大多数便把笨重的木鞋脱了,用趾尖走进病房,病人向他们默然地表示欢迎,他们也都点头为礼。格姝已经给他们预备了凳椅,大家便都静静地坐下。亨美尔的妻子叫着客人的名字，谢谢他们的惠临，说她使他们受了苦，请求原谅她一切的罪恶。她最后又求大家给她的灵魂祈祷，便不省人事地倒在枕头上了。牧师跪在地上，默默地祷告，其余的人也都满眶眼泪，怜悯她，原宥她。然后牧师做个暗号，大家才寂静地退出了死者的房间。

第二十一章　德化

第二十二章 拯溺

复兴蓬那的计划

亚纳原来判决亨美尔的罪,说到礼拜天要把他放在礼拜会的全体会众之前,由牧师宣布他以往的生活,给到会的人作个殷鉴。现在礼拜天到了,亨美尔非常惧怕这种处罚,他说宁可再上断头台,不愿站在说教坛下,做全镇的笑柄。他说这种处罚既不能使他悔过,对于观众也并无好处。他再三地向牧师请求,牧师终于受了感动,并且觉得他的请求也未尝没有道理,便代他向亚纳说项,取消原议。① 所以礼拜那天,只由牧师就亨美尔的生活作为讲题,激昂慷慨地说了一番,并说大家以前作恶腐化,为日已久,就是当日的听众之中也还有许多人差不多仍是同样的作恶为非,应该痛自悔悟。

———

① 在这本书的初出各版中,处罚亨美尔的原议是没有改变的。到了一八一九年的版本,亚纳的原判才撤销,这也可算是文明进步的一个征象。

这番说教所生的印象很是深刻；农人们回家的时候都不谈别事，亚纳也握着那良善的牧师的手，诚心地感谢他的发人深省的演词。同时他又表示急欲努力改良村中的状况，请牧师介绍一位正直能干的村人，帮助他的计划。牧师立刻荐举纺工康梅饶，提议当天下午同去访他和他的妹妹。

他们去的时候又加上顾汝飞中尉，顾中尉是帮助亚纳整理政府财政的一位助手。

三位客人走到的时候，康梅饶正在膝上承着一个孩子，坐在门口，一直到三位客人在园门口停了步，才知道是来访他自己的。他上前迎着客人，态度很是镇静尊重，使得顾汝飞像平日对于农人们的态度，没敢伸手给他为礼，亚纳也不用素常和下属谈话的样子，招呼他的时候不及素日的随便。

客人们正想坐在苹果树下面的长凳上；但是康梅饶要请他们到客厅坐。那时他妹妹正照往日礼拜下午的习惯，在客厅里打开圣经，正在打盹。突然房门一开，她惊得一叫，把帽子戴正，合上圣经，然后取一块海绵，放在一只明亮如银的锡盆里蘸了

第二十二章 拯溺

一蘸，去擦她哥哥用粉笔在桌上写的数字。客人们怕她哥哥还有用的，劝她不必擦了，她也不听。她仔细把桌子擦好之后，盖上一块大的细麻桌布，把新的锡碟、刀、叉、大银匙放在布上。

"你干什么呢？"客人问道，"我们已经用过餐了。"

"也许你们吃了，"玛丽答道，"但是你们到了一个农人家里，你们便得不嫌弃农人们的习尚呢。"她跑进厨房里，端出两碟饼，一大碟火腿，让亚纳、顾汝飞和牧师很乐意地坐在那些亮晶晶的盘碟之前。

客人赞美着他们的屋子、花园以及整个的建筑。玛丽说他们二十年前还是村里最贫苦的人。"我知道的，"亚纳说道，"但是乡中的织工纺工通常都是没有出息的，而你们却能蒸蒸日上，这倒不能不令我特别觉得惊奇了。"

康梅饶承认亚纳所说的很对，但是他不承认纺织工业的本身不好。他说，毛病是在纺织工人没有储蓄的习惯，惯于过着不良的、无目的的生活，他觉得亚纳可以想出许多办法，收拾人心，领导他们走入更好的道路，他并且提出一个办法，主张亚纳给每个儿童一种允许，如果他们到了二十岁的时候能从工作所得中积下十个佛罗灵，便可以得到一块免纳教税的土地。"但是，"康梅饶接着说道，"假如下代的人没有一种特异的训练，一种与现存的学校大不相同的训练，我们所能帮助他们的仍是很少很少。学校应该实实在在和家庭发生密切的关系，不可像现在的情形一样，和家庭生活正相冲突。"

顾汝飞很热切地加入谈话，主张真正的学校应该尽量发展儿童的天赋能力。他们旋即讨论到要用什么办法才能在蓬那设立这样一个真正的学校。他们问康梅饶的意见。他说："村里有一个纺妇，她所懂得的比我深切得多。"接着就把格姝的小小学校的情形，以及对于孩子们的影响说了一些；他们于是决定去看看格姝，亲自去考察考察她的方法。他们又谈到村里的堕落情形，讨论怎样选择一个好村正。康梅饶在整个的谈论中间都显出很有明确的判断、实用的常识，使得客人告别的时候生出一种敬爱的、几乎近于崇拜的感觉。

第二十三章 苦乐

到处是恐慌，只有一个平安的家庭

早祷以后，亚纳吩咐教吏通知全村的人，说礼拜四就要分配公地，凡是负欠亨美尔的债户，礼拜五都得到菩提树下结算清楚。蓬那全村的人听了这个消息，都恐慌极了。牧师说教时所给他们的好印象也像来时一样迅速地消失得无影无踪了。康梅饶的妹妹走到街上，只见面色惊慌的纺纱女郎三五成群地在交头接耳；她向她们打招呼，可是大多数人都望着地上，不作一声。过了一会儿才有一两个人半吞半吐地说她们欠了亨美尔的债，礼拜五便得到菩提树下去清算；她们说得有了勇气之后，有许多便握着她的手，说她们的父母全不知道她们负了亨美尔的债，求她向她们父母斡旋斡旋。

畏惧礼拜五那日的清算的并不限于儿童呢；许多做父母的人也是一样的着急。有一个妇人待她丈夫拿衣去洗的时候,把衣偷去当了;还有一个拿着一件斗篷给亨美尔,说是乞丐偷来的。顶着急的是一个叫作"信女巴巴拉"的,她怕丢脸,私自决定雇一个同名的贫苦妇人,到礼拜五代替她自己。

全村之中不受这种凶兆所侵袭的,又只有格姝的一家。廖泥匠夫妇很快乐地谈着早晨的说教,格姝又朗读了儿章圣经,又和孩子们唱了一首赞美歌。下午祷告以后,全家都围着壁炉坐下,因为天气已经有些冷了。格姝眼泪盈眶地说道:"归根结蒂,我们的唯一目的便是希望在永生之中也能和现在一样的全家团聚啊!"

廖纳德插嘴道:"我们此刻在地上能够团聚一块,将来到了天上一定也能永相聚首的。"

小汉利也叫道:"是呀,围坐在壁炉旁边多么有趣!妈妈,人们这么围坐着谈上帝,又祷告,又唱歌,岂不都会变好吗?"从古人看来,家庭中的壁炉本是个神圣的所在,但是能比小朋友汉利更善于恭维它的只怕没有了!

廖家的清贫生活实际也似乎一天一天地兴盛起

来了。自从廖纳德包了工,能有收入之后,大家都以为他一定又会故态复萌的,但是事实上不然。他一早就起来,打扫畜栏,取牛乳,许多事情,以前丢给他妻子做的现在他自己都做了,然后耳里听着孩子们高唱赞美歌,很快乐地上工去了。但是他一到了教堂坪地,快乐的态度便常常消灭了,那是很自然的,因为他的徒弟们虽则还很忠实,可是散工们却很懒惰,全没出息,使得廖泥匠非常厌烦。

他虽然有许多不如意的事情,但是他的家庭却可以把它们抵消。到了晚上,他便帮大儿子照着祖母的圣经所描写的情形,用一堆黏土建造一个巴比伦塔;告诉他计算,修多长的墙要需用多少石灰,多少沙石。有一天他给尼哥买了一个灰沙桶,一条围裙,尼哥穿戴着他的未来职业的行头,那种得意的神气,恐怕任何王子初次穿戴冠冕的时候也赶他不上呢。

通常廖纳德回家的时候,鲁迪的孩子们也在他家里。他们每天到廖家去学纺纱,而格姝对于这些不守秩序的孩子们的爱怜忍耐,也是不易置信的。

他们的眼光总不看在纱上，不是这根太粗了，便是那根太细了。他们一旦纺坏了便等着机会，只要格姝没有注意，便一握一握地把纱丢到窗外，后来格姝到晚上称了纱的重量不对，破获了他们的诡计，方才不敢再丢了。鲁迪的孩子最初都说纱很难纺，但是格姝的小汉利笑他们。有一次他母亲不在房里，他便叫鲁迪的一个孩子扎住他的眼睛，然后坐到纺车旁边，像没扎眼睛一样很快地纺着。"我们不亲眼看见简直不会相信呢！"鲁迪的孩子们都惊异地叫道。

"啊，你若扎眼睛不能纺，你便根本不能纺了！"汉利说道。

"先学睁着眼睛纺吧，"格姝走进房去，知道刚才的情形，笑着说道。过了不久，除顶大的那个女孩子以外，鲁迪的孩子们对于廖泥匠家里的整洁有序的情形，便都完全习惯了。

格姝之善待鲁迪，不徒是爱护他的孩子而已。她每天都到鲁家去，看鲁家的一切事物是不是都有秩序；否则她便亲自去帮忙矫正。鲁迪是个好人，这样一来，他觉得很惭愧了，每逢格姝来到以前，他便东奔西跑,处处看看。他对于自己的衣着身体,也更加注意了,把烟灰重重的小房子也粉刷了一次,此外又从村里的市上特意买了许多印成的图画,以资点缀;有耶稣受难图、圣母圣子图、圣南波苗像、约瑟二世像、普鲁士王像,还有两个骠骑兵,一黑一白。格姝告诉孩子们不可用手去按那些美丽的图画,否则图画便会弄黑了。但是小男孩们不乐意这个教训,汉利竟叫了出来:"有个人你可不能禁止他不把图画弄黑!"

"那是谁呢?"他父亲问道。

"是苍蝇。你知道的,苍蝇把妈妈的大十字架和雅各梦梯图弄得黑极了,上面的字一个都看不清楚!"

第二十四章　戏妮

女人对女人的玩笑

格姝越是常到鲁迪家里,越关心鲁迪的孩子,她就越觉得现状不是长久之计。她说:"鲁迪必得再娶个女人!"她自己思来想去,觉得再没有比梅村正的妹妹更合适的了。有一天她正在鲁迪家里,恰恰看见梅饶的妹妹从街上走来,她便奔到窗口。向她打招呼,梅饶的妹妹回了礼,问道:"你在这里当家吗?"

"暂时在这里,正等一个更合适的人来接手呢。请进来吧!来看看鲁迪的家庭,秩序真好呢!"

她的朋友很高兴地跳上楼,看着房里的新陈设,很是羡慕。

格姝领她到畜栏里,去看亚纳给鲁迪的那头美丽的牛。客人全不怀疑地说道:"我从没看见过这样一头美丽的牛啊!"她抚拍着那头牛,又说道:"给这头牛取乳倒有趣呢!"

"你高兴给这样一头牛取乳吗?"格姝狡猾地问道。

"我真愿意!"

"但是你家里已经有了两头美丽的牛呢。"廖泥匠的妻子回过头去匿笑。

"我家里的两头牛比起这头来真不算什么,"她的朋友天真地说着,一面拿一握干草给牛。

格姝又领她穿过一长行的果树,树上果实累累,低着头才走得过去;又领她到鲁迪的美丽的草坪,走过最深的草地。梅饶的妹妹赞美着一切,又问鲁迪的孩子在哪儿。格姝说道:"他们现在也和从前迥不相同了;我领他们来见见你吧。"

"他们的父亲也不是那老样子了吗?"

"是呀!他的头发胡须衣服全很整洁,你见了简直会不认识了呢!"

"假如他要再娶个女人,那就最合适了。"客人说着,还是一点不疑心的。

她们回到屋里,恰好鲁迪的孩子刚刚回来。格妹拉着小鲁迪的手儿,给他把金色的头发从宽大的白嫩前额上轻轻拂向后面;那孩子靠在她的臂上,睁着碧绿的大眼睛,望着生客。还有兰莉,她是个瘦弱的孩子,但是她有深深嵌着的、神采奕奕的眼儿,头发又细又柔,像丝线一样,客人看了不觉叫道:"这真是个安琪儿呢?"

格妹指着顶大的一个说道:"我相信丽姐将来也是一个好女儿。"

她的朋友说道:"她的样子没有别的孩子快乐呢!"格妹听了若有所思地望了那孩子一眼。

孩子们都坐在新制的纺车旁边,小鲁迪携着自己的纺车坐在火炉后面。廖泥匠的妻子叫他们把纺得的纱拿出来看看,称赞了几句,小鲁迪便乐不可支,跳过房子,跑到窗户旁边,快乐得大笑起来。"那是个野孩子啊!"梅饶的妹妹说道。

"还不算顶野,"格妹答道,她把小鲁迪叫到旁边,"安静地站着吧;你要知道,这样跳着,房里会起灰尘的呢。"

"我忘了啊。"那孩子说着,安静地站在她身边,像只柔驯的小绵羊一样。

格姝走进邻室,把鲁迪的婴儿抱出来,放在她朋友的怀里。那婴儿刚刚睡醒,脸上泛着健康孩子睡后的玫瑰红潮。他在客人的怀里擦着眼睛,摇来摇去;客人也很爱他,抚弄他,他不怕生了,把小小的手儿塞进客人的口里。她用嘴唇咬住他的一个小小指头,孩子觉得有趣,努力松了出来,嘻嘻地笑个不止。格姝看她们玩得起劲,说道:"假如这个可怜的孩子能够再有一个妈妈就好了!"

像闪电一般的,梅饶的妹妹明白了她朋友和她开的玩笑,觉得很是难为情。她把孩子交回格姝,说马上要回去了。廖泥匠的妻子还是说道:"你觉得这些可爱的孩子不需要一个妈妈吗?"

"谁说不需要呢?"

"我觉得全村之中再没有比他们更需要一个母亲的了。"

"我觉得不然。我觉得全村之中再没有比他们更不必需要一个母亲的。"

"规规矩矩的事,你为什么开玩笑呢!"格姝叫起来了。

"我一点也不是开玩笑。你就代替了七个母亲的地位。"她回过头去，向孩子们问道："告诉我吧！你们是不是愿意要这个妈妈，不要别一个新的妈妈？"

"是呀！"他们叫道，"愿意要这个妈妈，不要一百个新的妈妈！"

"你的玩笑开得太无聊了！"格妹羞得叫起来。

"你的玩笑才开得有聊呢！"

"你这话是什么意思？"

"你自己还装作不知道！"

"是，我觉得以鲁迪现在的情形，他很可以找得一个妻子。"

"难道谁会阻止他去找不成？"梅饶的妹妹微笑着说道。

"你说得太刺人了！"

"我把原因告诉你好吗？我觉得你真有趣，一味地袒护他。你还以为随便哪个女人都会伸着双手，争着去做七个孩子的继母呢！"

"我是想给他们找个母亲,不是找个继母。"

"大多数的女人都会事先仔细想想的;七个孩子总是七个孩子。"

"至少他们都是些好孩子。"

"那也许。"

"而且鲁迪的本人也很好。"

"我知道你立刻就要说这句话的!"

"我说的话一点不假呢。"

"我想他还是个漂亮的青年吧!"

"我并没有那样说啊!"

"真怪!你为什么不那样说呢?"

"他比以前的确显得年轻些了。"

"比六星期以前!"

"你早就注意了吗?"

"我要回去了。"客人只有这个答复。

"稍微等一等吧!"

"一刻都不能等了!"

"但是你离别孩子们的时候不能不向他们道别啊!"格妹说道。

她回过头来,道了别。"你听见了吗?"她笑着问道,"我向他们说了'再会再会'呢!"

"你下次来的时候便说'久违久违'了!"

"假如我再来,也许会说吧!"梅饶的妹妹答着,赶快地走出去了。她的脸上绯红,脚步也不似来时了。格姝目送着她走了,觉得第一步还顺利,不是没有成功的希望。

第二十四章　戏妮

第二十五章　庭训

格姝的教导的方法

第二天一早，亚纳、顾汝飞和牧师便到廖泥匠的茅屋里去了。他们进屋的时候，屋里的物事还没弄好，因为廖家才吃完早点，脏的碟子匙羹都还放在桌上。格姝最初有点不大自在，但是客人们安她的心，说："这种情形是当然的；早点没有用完哪能整理桌子呢！"

孩子们都帮忙洗着碟子，然后坐在素日的地方去工作，那三位绅士要求格姝，叫她一切事情照常进行。最初半小时她还有一点点忸怩不安，过此以后，便像没有客人在座一样了。首先是孩子们唱赞美歌，然后格姝朗读一章圣经，孩子们便一面纺纱，一面跟着读，把最能启人深思的几段一直读得能背。同时顶大的一个女孩子在邻室给孩子们整理被褥，客人们从窗口看去，知道她也在默默地跟着别的孩子背诵。背完圣经以后,她便跑到园里,采回了午餐需用的蔬菜,一面和大家背着圣经上的诗句,一面清洗蔬菜。

孩子们看见屋里来了三位绅士,颇觉新奇,纺纱的时候不时地抬头望着客人所坐的角上。格姝看了这种情形,向他们说道:"你们好像看这几位客人的时间还比纺纱多呢!"那小汉利答道:"没有呢,真的!我们都在努力地工作,今天的纱一定比平时更好呢。"

格姝每逢看见纺车或棉花出了什么岔子,她便丢了自己的工作,起身给他们整理。年龄最小的孩子们还不能纺纱,便去挑选棉花,以便爬梳,客人们看了这情形很是惊羡。

格姝虽然在孩子们很小的时候便去发展他们的手的技巧,可是她并不急于叫他们学习读书写字。她早就努力教他们说话;因为她说:"假如一个人不能说话,能读能写有什么用处。——读写只是一种人写的说话而已。"她为达到这个目的起见,常用一本陈旧的入门书,领着孩子们按照一定的次序去学各种的音节。她的教育计划是在真正了解生活的本身，这种练习不过是她的整个教育计划的一个附属部分而已。但是她并不采用教师的口吻；她并不向他们说"孩子，这是你的头，这是你的鼻，这是你的手，这是你的指"，或者"你的眼在哪里？你的耳在哪里？"——她只说"来吧，孩子，我给你洗净你的小手"，"我给你梳头发"，或者"我给你剪指甲"。她有了真正的活动，口头的教训便似乎消灭了，真正的活动本是口头教训的源泉。她的教法的结果是：个个孩子都灵巧、聪明、活泼，达到了各年龄的发展的极致。

她给他们一点点数学的基础，也是和实在生活相关联的。她教他们从房子的一头数着脚步，数到房子的另一头，有一个窗子上有两排玻璃格子，每排五格，她便利用着把小数关系告诉孩子们。她又教他们在纺纱的时候计算纱数，在绞纱的时候计算卷数。尤其是在一切日常的生活中，她都使他们正确地、明敏地观察一般的事物与"自然"的力量。

格姝的孩子们所知道的事情都知道得很透彻，他们又可以转而去教导年幼的孩子；而且常常求他们的父母允许他们去教。这天客人在座,约南便坐着用双臂环着一个年幼的孩子的颈项,领导那些小孩子跟着自己读那本入门书上的音节;丽姐坐在两个孩子之间,三个人一面纺着纱,她一面又教他们一首赞美歌上的词儿,很是有点诲人不倦的样子。

客人临走的时候告诉格姝说,他们第二天还要去。"为什么呢?"她答道,"每天是些同样的事情,你们再看也是一样的啊!"但是顾汝飞说道:"你说这话正是你给自己的一种最好的赞美呢。"格姝被他这一恭维,脸儿红了,绅士们向她握手告别的时候,她简直不知如何是好呢。

他们三个人对于廖泥匠的情形羡慕得了不得,顾汝飞受的印象太深刻了,只想静一会儿,自己用番思索。他匆匆地跑向自己的房里,一进门便不禁破口叫道:"我一定要做蓬那村的教师!"他的脑际整晚地浮着格姝的教室的影子,直到天快亮了方才睡着。第二天早晨眼睛还没十分睁开,他便喃喃自语道:"我一定要做个教师!"——立刻跑到亚纳家里,把自己的决心向亚纳说了。

第二十六章 议媒

做媒人和办学校

亚纳对于顾汝飞的决心为师,很是高兴,一路邀着那位良善的牧师,一同向格姝的门口走去。她知道他们会来,但是她的日程一点也没有改变。他们进屋的时候,廖家已读完了圣经,日光闪耀地射在房中,孩子们同声唱着歌。歌道:

> 暖暖白日晖,灿烂正当时。
> 晴天何朗丽。
> 遍体沐朱曦。
> 遍体沐朱曦,吾心自和怡。
> 欣欢盈衷臆,满目生光辉。

唱完,大家坐着工作,小汉利轻轻地向她母亲耳语,问她孩子们可不可以向亚纳道谢,谢谢他给的钱；汉利得到母亲的允许之后，他便无声无息地潜行于各个纺车之间，把消息传给他的兄弟姊妹。孩子们排着队，忸怩地站在亚纳面前，可是谁也不敢说话，一直等到亚纳先开了口，汉利才鼓着勇气，讷讷地把他们的使命说了。亚纳和蔼地把汉利放在膝上，汉利也一点不怕生，像是自己的父亲一样。

这时鲁迪的孩子也商量好了，走上前，黑眼睛的兰莉先走，去谢谢亚纳给他们的牛和草地。亚纳把汉利放下，把小女儿兰莉抱着，她也和男孩汉利一样不怕生。过了一会儿，她问道："你给他们的美丽的钱还有很多吗？"

"羞啊！"别的孩子们都异口同声地叫道。

"别羞她，让她说吧！"亚纳说，"你也要吗？"

"对呀！假如你肯的话。"

"但是现在我没有呢。"

"你身上不是常常带着钱吗？"

"不带的，下次来给你带来好了。"

这时候格妹觉得有人怂恿她，要她把对于梅饶的妹妹的计划说了似的；但是每逢想说又因胆怯而打住了。恰恰梅饶给亚纳搭信,进屋来了,梅饶正要告别的时候,格妹望了亚纳怀里的孩子一眼,勉力说道:"这孩子如果能够再有一个母亲就好了呢!"

亚纳回答,说他想以鲁迪现在的境况再找一个妻子并不难。"是呀,但是,"——格妹半吞半吐地说道,——"但是他该找一个好妻子呢!"

"那么,给他挑一个好了。"

"假如我有能力,我一定高兴给他挑的;但是我想梅村正的力量最大,只要他帮鲁迪向他妹妹说一句好话就够了。"

梅饶夫妇对于自己的妹妹是别有一番打算的,他听了格妹的话,脸色都变了。"她的话你听见了,"亚纳向他说道,"你觉得怎样?你不会反对他做你的妹夫吧?"

"啊,——不,不会的,"梅村正假装正经,嗫嚅地说。

"那么,好,回去告诉你妹妹,说她如果肯到鲁家去,我一定很高兴的。"

"啊,是,是,真是,"可怜的梅村正答道,仍旧像死一般站着不动。

"但是你不必因我的缘故而有所勉强,假如你有所不愿的话。"亚纳怀疑他不愿意,想给他一个退步,所以又这样加一句。但是梅饶又重新表明他赞成这件亲事,心里很不安地走了。

顾汝飞早想把他的计划和格妹谈谈,等得不耐烦了;他问她,说她在家里教训孩子们的方法是不是可以用到一个正式的学校去。"我不敢十分确定,"她答道,"但是我想十个孩子可用的方法,四十个孩子也可以用。但是要找一个教师,在学校里采用这种办法,怕不容易吧。"

"假如找得着那么一个教员,"顾中尉说,"他愿意采用这种方法,你愿意帮他的忙吗?"

"当然愿意的,——只要有这么一个教员,"她笑着答道。

"假如我就是他呢?"

"是谁?"

"是那个打算照你家里的办法建立学校的人。"

"你不是个教师呀!"

"但是我愿意做个教师。"

"那么,也许是在一个大城市,教乡里人所全不懂得的事情!"

"不,是在一个村落,教乡里人所全应懂得的事情。"

"那一定是个怪村落,像你这样的人才肯去当教师!你这样的绅士是不会高兴教村里这种孩子的!"

"那你不知道啊。"

"但是我想是这样的。"

"我也觉得是这样,但是假若我真想做这么一个教师,那又怎么办?你肯帮我的忙吗?"

"一定的,"格姝又说道,但是还觉得他是在开玩笑,"我一定尽我的能力帮你。"

顾汝飞掉头向亚纳和牧师说道:"你们听见了的,她两次答应了帮我的忙呢。"

"那就好极了!"他们笑着说。

格姝有点手足无所措了,她发现他们是说真的,她坚决地申明,说她愿意把孩子们送进他的学校,假如自己年轻一点,她也很愿意去上学,可是她什么也不懂，什么也不能告诉顾汝飞。但是他们回答说，非要她帮忙不可；后来她又说自己时间不够，而且还要管家，给他们推荐另外一个主妇，说她可以帮忙，顾汝飞答道："当然，她也一定肯帮忙的，但是我的学校需要你的慈母之心，那是谁也代替不了的。"

"我的慈母之心还不够自己家里的用，"格姝说道，"假如你真想做我们的教师，我想你会把你的慈父之心、慈父之力带给学校，相形之下，我的慈母之心便可不必要了。"

"你说的很好，"其余那两位绅士说道，"我们的中尉是会把他的伟大的慈父之心带来的；但是你的慈母之心的合作并不因此就不必要了。"他们后来又向她说明，说他们认为青年的正当教育才是拯救村里堕落情形的唯一方法，格姝这才答允了尽她的力量去促进这个善举。

第二十七章　求偶

一幕求婚的怪剧

梅村正一肚子气跑回家里，心想自己的妹妹一定和格姝沟通了，故意设了这个计策来促其实现的。到了晚上，他找着了妹妹，很不耐烦地和她打了招呼；她当初莫名其妙，直到她哥哥说出了格姝的名字，她才明白。她脸儿红了，但是他并没有留心，继续描写在廖泥匠屋里见面的情形。停了一会儿，她问道："你怎样答复他们的呢？"

"你想得到的，我只得允许他们了。"

"你也会说鲁迪的好话吗？"

"不得已啊！"

"真的？现在怎么着？你想叫我怎么办？"

"你问的这些话一定不是出于本心的！你早知道我们夫妇替你有别种打算的。"

"我知道；你昨天还说过。但是你为什么又答允亚纳呢？"

"别和我斗嘴了吧！我已经够为难的了！"

"假如你这样自相矛盾，那是你的活该！假如我像你一样，我早没面目见人了！"——她说了便气冲冲地跑到廖泥匠家里去。

格姝让她盛怒地责备，一点不作声，一直等她心气和平了些，方才把事情的真相向她说明。梅村正的妹妹听了格姝的动机，并且知道亚纳对于鲁迪的未来妻子非常关切，她的怒气已转向了她哥哥一个人，说话也变和平了。鲁迪在她们谈话的时候无意之中都听到了，这时突从门后走出来。鲁迪本在格姝那里，听说来了客人，他便随着格姝走下楼梯，想要求梅饶的妹妹别错怪了格姝，因为格姝是为的他的事情；但是他因听见客人盛怒的语调，所以退后藏着，等有机会再向她说。

梅饶的妹妹不提防鲁迪来了，不觉吃了一惊，把他从头打量到脚。说来奇怪，鲁迪站在她面前，帽子放在手里，样子似乎知道自己没有希望了，他之所以站在那儿为的并不是自己；这一来倒得了她

第二十七章　求偶

的欢心,她也站着不动,不再用那严酷的目光注视他了。但是鲁迪并不知道情形改变得于他有利了,他要求她的原谅,因为自己不该冒昧地想她,并且又说他的确很需要一个好妻子。她答道:"我不能给你什么希望。"

他并不答话,只是愁眉不展地望着她,像个受了饥饿但是不愿追求施舍的人一样。"呸!"她叫道,"你站在那里像个乞丐!"

"我有生以来从来没有求乞过,但是现在我自己也真觉得如你说的一样,像个乞丐。"

"那你不应该!"

"那么,我在你面前站着应该像个什么样子呢?我除了求乞以外又有什么办法?"

"你不要注意我,丝毫不要注意我!"

"那我就不如真去行乞了!"

"好,——那我就说'上帝助汝'。"

"假如你照正当的说法,我便不反对。"

"那么好,——上帝助汝,鲁迪!"

"啊,这不是'上帝助汝'的正当说法。"

"什么才是正当的说法呢？"

"你要帮我的忙，答允你也助我，那才是正当的'上帝助汝'。"

"真的？你当然不是个傻瓜啊！鲁迪。"

"也许不是；但是世上恐怕再没有人更需要这样一种施舍的了。"

"但是为什么一定要我施舍呢？你可以随便到哪家去行乞的。"

"我不愿意。"

"好，随你的便吧！现在且请你回到门后面去，别来打扰我们。"她握着格姝的手臂走出去了，简直不知再说什么才好。

格姝赞美鲁迪的为人，赞美鲁迪的家况，梅饶的妹妹告别回家的时候心境已和来时大不相同了。她回到家里，总觉得鲁迪站在她面前，向她说话。她哥哥嫂嫂打算替她撮合的那位阔老表也似乎在她面前出现；最初，像她在姊姊的婚礼时所见的一样，他咀着腊肉，肉油一滴滴地从口角滴下；后来又像某次在村里所见的一样，他正在杀猪，手直戮进猪

第二十七章 求偶

的颈内，热血沿着手上迸出来。她心中把两人一比，想道："假如我一定得在这两个中间挑一个，我就宁可要那和善的老鲁迪，但是我决计两个都不要。"

第二十八章　分地

诬谤遭了处罚，公地终于分了

亚纳看过格姝的学校以后，回家写了一封信给朝里的大臣——他的密友毕立夫，把自己在廖家所受的印象和康梅饶改良蓬那村的意见，统统向他说了。信末说："这种种意见可以总括为下列各项：

（一）设立学校。这个学校要和格姝家里的一样，应与家庭生活有种和谐的关系；

（二）良善的村民应和安堡及牧师联合起来，以便在村里的各个家庭发生一种可靠的、积极的影响；

（三）选用乡长应采用一种新的方法，以免不良的乡长胡作非为。"

亚纳已经宣布过了，第二天便要分配公地。亚纳一早就准备到村里去，那时却有一个哀琴保族的农家女儿要见他。亚纳自从格姝求他帮助，予以善待以来，村里求见的人便不知多少，简直把他累坏了。他最初还觉得凡是求见的村人理应亲自予以接见；后来才知道不对了，自己的时间全费在无益的絮谈上面，有时还不能不听些虚伪诬谤的话。他在几天以前就下了一个决心，第一个来这样糟蹋他的时间的人，他得给他一个教训，做个榜样；现在这个机会自己送上门来了。

哀琴保的女儿，亚纳是久已闻名了的；她是一个半富农的女儿，因为自己富于虚荣心，而父母又无知识，所以进城住在一家三等寄宿舍内，学了一些城市生活的习尚。而且自从认识西威以后，她便更加误入歧途了；西威是宫中的一位贵妇，人很鲁莽，和亚纳是亲族。西威怀恨亚纳，特别希望亚纳在蓬那有不满人意的事情，她知道了就可以在上等社会中讥笑他。西威心里存了这种奇想，所以便雇了那个农家女儿给自己去刺探消息，和她密谈的时候让她和自己坐在一张沙发上面，以迎合她的虚荣心，使她觉得乐不可支。

哀琴保的女儿听见人家说，亚纳对格姝和康梅饶的妹妹都很和蔼，自以为可以更得亚纳的垂青；

她打扮得花枝招展，像赴婚宴一样，又雇了一部最漂亮的车子，直向安堡而去。亚纳请她到客厅坐了，决计让她一气说完。她很自信地开始说了，深以蓬那的道德堕落为忧，连格姝和康梅饶都不蒙她的饶恕。亚纳用心地听着，可是不作一声。她渐渐地觉得不自在了，说话也上句不对下句了。可是她说话愈不连贯，亚纳便愈以凶狠的目光注视着她，仍旧一言不发。她没有勇气了，于是改变战略，修正以前所说的话，收回以前所说的话，最后终于停止不敢说了。

亚纳这才开口问道："你说完了吗？"她答不出话来，只眼睛呆着，嘴唇抖着，望着亚纳出神。亚纳把铃子一按，一个武装的仆人便应声而进。亚纳当即吩咐那仆人，叫他把她押回蓬那，让大家亲眼目击，使她下次安分地停在家里，不要跑到堡内来诋毁好人。

她吓慌了，话也不说，跪倒地上。还算她的运气好，这时亚纳的妻子茜露沙正从门口经过，看了这种情形，追问原因。茜露沙知道了原因之后，便笑着要求亚纳可怜她,别押送了。哀琴保的女儿也不再等吩咐,立即飞奔回家,把经过的情形有声有色地写了一封信,告诉西威。

亚纳走到村里,村民已经在菩提树下集合了。他叫农人抽了签,分了公地之后,自己却站在一旁细心地看着。他想起了一句古话,说:从分配财产可以看出人们各自的性格;因为占有财产便铸成了人们各自的性格。那天分配公地的时候,每块较好的土地都引出了各种各色的贪婪现象,贪婪现象之多就不亚于到会的人数。但是这只是事情的一方面。农人们对于一块土地的优点劣点,都在讨论,亚纳倒从中得了许多从来所没有得到的农业知识。他觉得最有趣的是看贫人抽了好签的快乐情形;但是富农们的面孔是不高兴的。

中午时候,亚纳又为别的事情召集人民到公地去。事先有部车子从亚纳自己的果圃装了几百株果树,在牧师家里听候吩咐;会前不久,车子便从牧师家里移向菩提树下来了;同时还有一大群羊在向同一的方向走来。

果树到了之后，亚纳便宣布说，凡是做父亲的人都可以到车旁去，有几个儿子便可以拿几株果树。话一出口，那些富有的、贪婪的、勇敢的人，便争先恐后地去夺取最好的果树。但是亚纳叫他们转回去站着，让树苗从车上取下放到地上；然后才许他们一个一个地按照地上放着的次序去取。

分完树苗以后，他向周围的人说："我很希望村里最贫的人都不至于孩子们没乳吃；所以我带了这些羊来，凡是没有钱给孩子们买羊的，我可以代为垫付。"

他叫愿求垫付的人走上前去，应声而出的有二十七个人。他们都是一无帽子，二无鞋子，穿的是破衣烂布，尤其坏的是：看他们的面貌就知道他们都是些好斗的人、赌痞、酒徒。亚纳伤心得很，不禁叫道："你们真是一群坏东西！尤其不幸的是：土地羊乳并不能给你们以任何帮助！"他停了一刻又说道："假如不是为的你们的孩子，我真宁可把羊只送回去呢！——但是看在上帝的面上，来选吧！"

父亲得了羊的孩子们真是快乐极了，弄得许多富农的孩子也要他们的父亲买，说是亚纳的孩子卡尔也有一只，亚纳告诫了孩子们，叫他们牧羊的时候不可养成懒惰的习惯，然后又和父亲们谈到免纳教税的田地的问题，那是他要答允纺织工人，如果他们的孩子能在二十岁前把收入存下八或十个佛罗灵就给他们的。富农们却在交头接耳，喃喃怨诉了："假如这些纺织工人的孩子都有免纳教税的田地，我们的女儿又该有什么呢？"亚纳听见了，他说只要富农每家能收一个孤儿，把他养得很诚实，很好，他也愿予他们的子女以同样的报酬。但是富人们都怨恨地走开了。

贤伉俪

第二十九章　偿负

审判的日子

那天晚上,亚纳因为第二天就要给亨美尔清理一切债务了,想起那些负债者的可怜情形,老是睡不着。小卡尔和他睡在一房,听他呻吟叹息,问道:"爸爸,你有什么事情睡不着吗?"

"没有什么事,我的好孩子。"亚纳答道。

"但是,亲爱的爸爸,我知道有事情;你是虑着明天的事情呢。"

"你说的话是什么意思呢,孩子?"

"爸爸,你以为我不知道村里的人都在为明天结账的事情发急吗?"

"谁告诉你的?"

"啊,好些孩子都是这样说;但是还有一个特殊的。爸爸,你想想吧,他和别的孩子在一起,可是不像别的孩子一样,他没有心去玩耍,所以我便跑去问他,问他为什么显得那样不快乐。他最初不肯告诉我,但是我老是嬲着他,要他说,他才说了,说是他的父母姊妹因为欠了亨美尔的钱,在家里哭着,眼泪都哭干了;明天他的姊妹便得到菩提树下去见你。他说了之后便大哭起来,他躲到篱笆后面藏着,怕别人看见了他的哭。"

"他叫什么名字,是哪家的孩子呢?"

"他叫作喆美,真是个漂亮的孩子!——而且人又好,态度也文雅!爸爸,你明天对他们不会太严厉吧?"

"我对任何人都不愿太严厉的,但是,我的亲爱的卡尔,你也知道,人若是有了坏习惯,我为破除那种坏习惯起见,我是要放严厉点的。"

"是呀,爸爸。但是假若他们的坏习惯没有了,你还会对他们好吗?"

"那我只有爱之唯恐不及的,"亚纳答道。小卡尔得了这个答复,不久便睡着了。

第二天早晨九点钟,大家遵着亚纳的吩咐,都到了菩提树下,男女老幼,全都愁眉不展,老的有在亨美尔店里喝了二十年的酒徒，少的有几周以前才一度误入歧途、涉足店中的孩子。亚纳愁容满面，坐在牧师身旁，突然想起了先晚和卡尔的谈话，他向牧师问卡尔的朋友是谁家的孩子。牧师极力称赞那孩子的家庭，说他们人既诚实，而且又很勤奋努力。只因妻子病了整整一个冬天，躺着不能起床，丈夫得夜夜守护她，自己又没有相当的营养，所以有时沾点酒回，提提精神。他女儿虽则给父亲沽了酒，可是她自己从来一点都没有尝过；这天她一定要代表她父亲到菩提树下来。

亚纳对于这个不幸的家庭，心里充满了无限的同情，一时之间，他简直不忍再看目前的那种景象了。他最怜悯的是孩子们，他首先唤上孩子们，给他们解除痛苦。他常常只说"你也在场吗？"对于某些孩子，他却伸手给他们，说"此生此世再不可犯了！"

大多数的妇人都似乎很惭愧，很恐惧，将要晕倒的样子；但是亚纳一看就知道她们多半是假装的，还是照例加以处分。后来叫到林登保的女儿，喆美的姊姊了，她低着头，目不上视，默默地把钱放在桌上。亚纳很和善地向她说话，说他已知道了她的家世，她是丝毫没有罪过的，这次所以来受这种羞辱完全是为得代她父亲受过的缘故。那孩子用手掩着潸潸的泪眼，泣道："我的父亲，一定是我的父亲告诉你的！"

"不是的，"亚纳说道，"这是你的兄弟喆美告诉我的卡尔的，他哭着求我不要难为了你。好孩子，回去告诉你的兄弟吧，叫他礼拜日到我堡里来看卡尔；卡尔很喜欢他呢。"她快乐极了，含着快乐之泪奔回家去了。

别人看了亚纳对那孩子的一片慈悲心肠，也想无故引起亚纳的同情心，从中取巧；但是全都枉费心思。最后"巴巴拉"的名字叫出来了，一个可怜的纺妇应声而出。当时群众都现得很惊异的样子，亚纳追问原因，教吏是知道个中真相的，笑道，说他们觉得那个妇人不是真巴巴拉。亚纳追问亨美尔，亨美尔说，欠他债的巴巴拉叫作"信女"巴巴拉。她因为好胜心盛，所以没有亲身来到。"那么，你代她来,"亚纳问道,"她给了你多少代价呢?"

"半个佛罗灵,"她答道,并且说,她答应代她来一次于别人没有什么损伤的。

"但是你来到这个桌子前面,你想于你的名誉没有损伤吗?"

"我想总归没有人相信我是真巴巴拉的!"她答道,弄得大家忍俊不禁。

亚纳当即派了一名兵卒去召唤真巴巴拉,那时巴巴拉心里难过,正在读着约伯书,聊自解愁。她哀求,她抗辩,可是全都没有效力;那位骄傲的女人终于跟着兵卒到了菩提树下。——读者!如果你想知道此中的情形,你当想想巴塞尔地方的"死之舞蹈"。亚纳让第二个巴巴拉坐到第一个巴巴拉的石凳旁边,等别的无用的人都把账弄清了,然后叫她走上前去,只说她该再给那顶替的人半个佛罗灵,下次买人代辱不可太吝啬了!

第三十章　谢恩

年青的一代带了希望与安慰给州官

就在同一天的早晨，村里另有一部分人却在做着大不相同的工作。纺工们的孩子先天就决定了组织一个行列，去向亚纳道谢。他们一清早就起来，特别多花了许多时间整理衣冠容貌，大家在溪旁井畔热心地洗浴，让别人把混乱的头发给梳好，一点不出怨声。他们穿着家里所有的最好的衣服，但是大多数的好衣服都只是一些破布烂絮而已，然后在格姝、康梅饶的妹妹和小雷南德的妻子家里集合。孩子们的计划本是受了她们三个人的鼓励的，这时她们又帮他们借鞋借袜，借种种的衣着，好使行列显得漂亮一点。

最后，全队的人都到了玛丽家里，玛丽说："我们忘记选一个皇后，叫她向亚纳说几句漂亮的话了。"三位妇人把孩子们看了一遍，差不多同声叫道："我选着了！"她们选的是同一个孩子，那孩子穿得很不好，但是长得美丽极了，金色的头发从漂亮的前额卷到后面，一对大而且美的眼珠望着地上。她和旁的孩子们站得离开一点，正在深思着，一点也不知道自己惹起了别人的注意。她是一个家庭的十个孩子中的最大一个，父亲是个不幸的人，他因为陷入了亨美尔的掌握，在某一天晚上跑到山林里去吊死了。那孩子从此以后，没有一时一刻忘记过她父亲。她在白天是病着的母亲的仆人，弟妹的妈妈，忠实地做着一切的事情，毫无怨色。一到晚上，全家的人都睡了，便有一个小黑影子偷偷地爬到丛林深处的一座孤坟，坟在悬崖绝壁上的大石巨干之间。那孩子在坟的四周栽了许多美丽的野花——美的堇菜，白绿的郁金香，雪白的白头翁，标致的红玫瑰，中间一大株向日葵，四角栽着西番莲。她又用荆棘织成篱笆，免得野兽跑进去；这地方除她以外，也再没有第二个人去过了。

　　与快乐的大队站得离开一点的就是这个孩子，她被人选为行列的皇后，自己也没有听见。其余的

第三十章　谢恩

孩子都绕着她,恭贺她当选了皇后,她的眼儿充满了泪珠,因为她自从父亲死后,已不相信有生的同类是有爱心的了。雷南德的妻子握着她的手,说道:"来吧,我一定给你打扮得像个新娘子一样,告诉你一些漂亮的词儿。"

她把她饰以雪白的细致的织成的衣服,正要给她前额再带上一根亮晶晶的、农女们载着结婚洗礼用的丝带,那孩子却退缩着,说她穿得那样奢华,亚纳和全村的人不知要怎样批评,求她考虑考虑。"那有我负责!"雷南德的妻子说道,"你一定要戴上,是为亚纳,为大家,不是为你自己。"

那孩子只得答允了,让大家把自己放到大队的前面,驯顺得像只被牧人牵着的绵羊一样,一点没有个人的虚荣心,和一个婴儿穿着金服的盛装,坐在宝座上面,受大众的崇仰似的。

亚纳从菩提树下回到牧师家里,心中非常难过,觉得村人太堕落了,无可救药,他差不多完全灰心了。他在花园里走来走去,纳闷得很,最后才坐在一个亭子里,那亭子黑暗,没有光明,正和他的心境相应。他正在冥思玄想的时候，忽然听得有孩子们的脚步声，抬头一看，只见一队年轻的孩子横贯园中，好像长得没有止境似的，队前一个穿着雪白外衣的安琪儿，正站在自己的身前，说道："亲爱的亚父母：我们是蓬那的贫穷的纺工的孩子们，因为你对我们太好了，而且允许我们只要继续地储蓄一点进款便给我们一份礼物，所以特来道谢的。此外因为你还要给我们建个学校，使我们能够学习从来没有机会学习的事情，我们也很衷心地感谢你。我们因此都很快乐，自愿自少至老都行正义，使你的恩惠不为白费。你待我们好，希望上帝今生来世都报答你。"

这个景象给予亚纳的印象真是无法描写！他一时之间，简直不知道自己是做梦还是醒着，手不能动，脚不能移。过了一会儿，他才握着那个安琪儿的手，问道："你是谁家的孩子呢？"

但是他问的时候声音是硬的，眼光是缭乱的；那好孩子给他这一问也吓坏了，容色惨白，周身战栗，说："我的爸爸"——但是她说不下去了，双手蒙着脸。

"怎么一回事呀?"亚纳也差不多和那女孩子一样吓住了。另外一个站得近点的孩子才轻轻地说道:"她是那个不幸的锐铿保的女儿呢。"

亚纳很伤心。他握着她的手,说道:"我很对不住,我不该问你的。但是你这样爱你的父亲,正是你的令人起敬之处;我知道他值得受你的爱,他是一个好父亲。"

亚纳仍然握着她的手,渐渐地精神复了原,深为孩子们的前途庆幸。他对于他们的父亲母亲那天早晨站在他面前的印象渐渐忘了,他只看见年轻的一辈,使他心里产生了一种希望的心思。他觉得自己就是那群小东西的父亲,他带他们坐到草地上,自己坐在中间,和他们玩耍,俨然以为他们真是自己的孩子一样。牧师太太给那些小朋友们做了一份美味的乳汤,亚纳的儿子卡尔和牧师、顾中尉,也都跑去加入。大家正玩得顶高兴的时候,茜露沙也带着自己的孩子们来了,大家坐着一起野餐,不胜快乐和谐之至。

第三十一章　设校

一个新的学校的组织

顾汝飞一心想着学校，也没有心思和亚纳、牧师再说什么。他只要有点闲暇的时候，便去拜访格姝，和她谈谈学校的事情；但是她对于自己的教学方法也说不出一个所以然来，时时向顾汝飞表示，她不能有什么贡献。不过有时她无意之中说出一两句话，顾汝飞却认为道着了整个教育问题的痒处。比如她有一天向他说："你应该帮学生们做他们父母所不能帮他们做的事情。他们所最需要的并不是读写算；他们能够学点东西固然很好，但是尤其重要的是：他们要能成个东西——要让他们发展各自的天赋，这常是家庭所不能够指导，不能够帮助他们的。"

最后，新校正式与村人见面的日子到了。亚纳和牧师夹辅着顾汝飞严肃地走到教堂里去，教堂里挤满了蓬那的居民。先由牧师演说，说明教育的理想的功用，对于家庭的关系，对于社会的道德的关系；然后由亚纳领着顾汝飞走到唱歌队的栏杆前面，为他向大家介绍，并作了一个简短的却很热切的演词。顾中尉很受感动，但仍强自按捺自己的情感，略微说了几句话，表明自己深觉责任之重，希望父母们与他合作。

亚纳很想趁着顾汝飞就职的机会给学生们一个宴会，所以教堂里散会之后，他便邀着所有的小朋友们都到牧师家里去，由牧师太太帮忙接待。蓬那有个相传已久的习俗：每逢圣诞节和复活节的时候，孩子们都可以分得鸡蛋糕卷。这一天孩子们走进牧师家里，只见彩色的鸡蛋比复活节所见的更加美丽，此外每个孩子的点心旁边还有一个漂亮的花球。

顾中尉对于宴会的事情，事前一点也不知道，坐在隔壁房里，突然之间，门开开了，孩子们遵着茜露沙的暗号，齐声唱着他们最美丽的歌儿，顾汝飞只见自己已被围在一群活活泼泼的孩子们的核心了。他感动极了，歌唱完后，很和善地和他们打着招呼，握着许多孩子的手，很愉快地和大家随便谈着。亚纳叫人把自己的酒取来，孩子们喝着祝他们的新教师的健康。

第二天早晨顾汝飞便开始上课，格姝帮他布置一切。他们先调查孩子们已经学过的功课，让程度相等的坐在一起。坐在顶前面的是连字母都没有学过的，次之是能读单字的，再后才是已经能读书的。除了读法以外，大家都要学着写字算数，写字算数以前是只有富裕人家的孩子在私馆里才能学到的。

顾汝飞最初觉得工作比预期的困难；但是他的经验一天比一天多，他的工作也就一天比一天愉快了。有一个贤淑而又能干的妇人，名叫马嘉莱，帮他照顾缝衣纺纱等等事情，是他学校一个最有价值、最有好心的助手。每逢孩子们纺车出了毛病，停了，她便起身去弄好；如果孩子的头发乱了，她便在他们用功的时候给编好；如果衣服破了，她便拿针线给缝好；她又告诉他们怎样穿鞋子，怎样着袜子，此外还告诉他们许多他们所不懂得的事情。

新教师最关心的是让孩子们养成遵守顶严格的秩序的习惯，使他们真能得到生存上的智慧。钟声一响,他便按时上课,决不让任何学生迟到一点点。此外他又极力注意良好的习惯和行为。他勒令孩子们进学校的时候,身体衣服要清洁,头发要梳好。孩子们站的时候、坐的时候、写字和工作的时候,身体要像蜡烛一般的挺直。教室里面要像教堂一样的清洁,窗上不能失掉一块玻璃,地上不能有个钉弯的钉子。他尤其不许孩子们把任何东西丢到地板上,不许工作的时候嘴里吃零食;甚至于规定起身就坐的时候不许彼此挤撞。

上课以前,孩子们一个一个地走到教员身前,说:"上帝佑你!"他把他们从头看到脚,有什么不对的地方他们就可以知道。如果看着不够,他便告诉他们,或者搭信给他们的父母。孩子不时地搭信回去说:"先生致意你,问你是不是没有针线"或者"问你水太贵吗",散学的时候,成绩好的便首先走上去,说:"上帝佑你!"他和他们握手,答道:"上帝佑你,好孩子!"次之就是成绩次好的,他就只说:"上帝佑你!"不和他们握手。最后才是成绩全不好的,他们只能径自走出教室,不能和他说话。

顾中尉处罚学生的目的是在改正他们的错误。学生如果懒惰，不肯用功，他便叫他去劈木柴，大些的孩子在修墙便叫他去运石头；学生如果做事疏忽，他便叫他给学校当信差，几天以内，先生在村里的事情都得由他去做。不听话的、无礼貌的，他便好几天不和他在公众的地方说话，只在私室里，下课以后才和他谈谈，以示处罚。犯事的、捏白的，便用教鞭责打，一个礼拜之内不准和其余的孩子一起玩耍；把名字记在一本犯事簿上，不到真有进步的时候不给他涂去。他处罚儿童的时候，态度仍很和蔼，特别和他们多多谈说，帮他们改过自新。

第三十一章　设校

第三十二章　良师

一个良好的牧师和教师，一个新时代的开始

顾汝飞施教的时候，注意使学生养成一种恬静安详的态度，这种态度只要一个人早年受过辛苦，辛苦成了他的第二天性，那便无论在什么生活状况之下都是可以具有的。他在这方面的成功，不久就使牧师生了一种觉悟，知道口头的教训如果要使人家得到真正的人生智慧，最高的人生智慧，信仰真正的宗教，便该在实际上常常使他们为家庭劳作。那位良善的牧师同时又知道，中尉的一句话的效力比他自己整天的说教还大。他一点不自是，虚怀若谷，因此根据教师的更高的智慧，改革了自己宣教的方法。他和顾汝飞、马嘉莱共同努力，不用多的说话，领导孩子们过着一种恬静的、勤劳的生活，使他们更进一步地默敬上帝，爱护人类。他向孩子们作着简短的宣教的时候，把每个字、每句话都和他们实际生活中的经验连贯起来,所以他一说及上帝、永生等等字眼,他们就觉得是和父亲、母亲、屋宇、家庭一样的亲切。他把书中最聪明、最虔敬的几段指出来,要他们熟记,可是一切含有教义争论的问题,他就完全删掉。他不要孩子们再死记长的祷词了,因为他说那是不合于耶教的精神的,不合于救主的教训。

顾中尉常常说,牧师不能使人发生一种永不磨灭的印象,因为他太和善了,反而把他们毁了。顾汝飞自己的教育原则是极其严格的,他所根据的是对于世事的真切知识。他认为在教育上看起来,爱怜要与恐怖并用才有用处,因为他们应该知道芟除人生的荆棘,但是荆棘的芟除不能靠他们自动,只好加以训练,强迫他们去做。

他对于孩子们在八天以内所知道的,比他们的父母在八年以内所知道的还多,他运用自己的知识,使孩子们不容易骗他,使他们对于他开诚相见。他不独注意儿童的头脑,而且也注意儿童的心胸,他说进入儿童头脑里面的事物应像天上的月儿一样皎洁清白。因此,他教儿童确切地看,确切地听,训

第三十二章 良师

练他们的注意力。他尤其注意使儿童在算术上受到一种严格的训练，因为他相信算术是追求真理时避免错误的一个自然保障。

学校里的孩子虽然进步很快，但是村里的人并不见得个个都喜欢顾中尉，并且村中旋即起了一种流言，说他太骄傲了，不宜于做教师。孩子们虽然极力否认这种说法，可是没有效力；他们的父母只答道："即使他对你们好，他还是一样可以骄傲的。"但是开学不到三个礼拜，发生了一件事，孩子们所不能给他辩护的，那件事却给他辩护住了。

原来学校对面有道人行的小桥，桥很腐朽，二十年来都没有修过，落雨的时候，孩子们由小路上去进学校，脚踝上都要打湿。顾汝飞第一次看见这种情形便亲自冒着雨，站在街心，把孩子一个一个地抱过小溪。有几个平日最说顾中尉骄傲的人，适逢住在路边上。他们看见他穿着一件红上衣，周身淋得透湿，很是开心，心想不久他就会要请他们帮忙的。但是他很忍耐地继续把孩子一个一个地抱过去，一直让自己的头发衣服都淋得雨水直滴，他们才在窗后说道:"他一定是个善良的傻瓜,我们以前都错怪他了;假如他真是骄傲的话,他就早会不干了呢。"最后他们才出去帮他的忙,让他回去把身上弄干。但是这还不算;那天散学以后,孩子们发现了一条新桥,走回去鞋子都可以不至于弄湿。从此以后,再没有人说教师骄傲了。

但是和学校作对的还是大有人在,最激烈的是那位老教师;亚纳和他说过,只要他不出来作对,就答允给他一笔养老金,他若不是怕丧失了领取养老金的权利,他对于新校成功的愤懑妒忌一定更不知伊于胡底呢。其实追慕过去的也不止是老教师一个人。村里的人有一半都是惯于晚上在酒店里消磨时间的,自从亨美尔的事情发生以后,亚纳把酒店封了,所以大家都很恨他。亚纳听见这种情形,知道村里许多游手好闲之徒又已故态复萌,使得家庭跟着受苦,便立刻把蓬那附近的泥煤沼开了,容纳了五十多个人。

村里贫民的状况在各方面都比以前好得多了。许多纺工家里,因为有获得免纳教税的土地的希望,家庭的秩序也好了,人也都勤俭了,一般贫民对于富户也不再像以前那样先意承志，听其颐指气使了。雷南德的妻子最爱做好事，也知道专门施舍倒不如领导大家自己去努力之效力来得更大；有人求她帮忙，她的第一句话一定是"我得跟你回家去瞧瞧，看你是不是真有什么需要，并且看我怎样帮你才能使你得到最大的利益"。

顾中尉家里每天晚上都有五六个青年，他和他们一谈就是几点钟，把亚纳和牧师的计划告诉他们，说亚纳和牧师如何受了人家的误会。听众之中有一个青年，名叫林登保，他似乎只要听一句话就什么都懂了，他说话又明晰，又有力量，很能把事情的真相转告许多村人。

只有老的一辈沉溺已深，新的时代对于他们没有什么更好的希望。庸医杜亦芳答允亚纳不再害人了，可是终究放不开固有的生涯，不能过着有益的生活；亨美尔村正受过一阵大大的屈辱，恢复自由，不再天天和牧师见面了以后，也已故态复萌，尽情放肆；哈托夫经过一度忏悔之后，亦复照旧变成一个伪君子了。

第三十三章　谗女

一个捣乱的分子和一幕惊心的冒险

一日之后，亚纳得了他叔父安堡格将军一封信，说和侄女西威来看他，打算小住几个礼拜。这位西威女士，我们在讲哀琴保的女儿的事情的时候，已经提到过了的，她是亚纳的仇敌，小时候父亲死了，是安将军可怜她，一手养大的。她性情刚愎傲慢，虽然受过教育，可是坏脾气仍然没有去掉，只是懂得交际，有个金玉的外表罢了。她之所以怀恨亚纳，一方面是不满于他的博爱政策；一方面又因亚纳是她叔父的财产的继承者，她因为想得地位，想得财产，所以勾结公爵的宠臣海力多，要他给自己觅个既富资财又有爵位的夫婿，同时还要帮她设法使将军死后不把财产传给亚纳。海力多与毕立夫和亚纳有不共戴天之仇，并且不赞成他们改良现状的计划，所以也乐于利用西威，叫她报告蓬那的新政状况。

他听说顾汝飞设立了一个学校，又听见亚纳、茜露沙、廖泥匠的妻子格姝、牧师夫妇和康梅饶兄妹每周会面，讨论村里的事务，心里非常不安。海力多觉得公爵受了毕立夫的影响，已经在注意亚纳的改革了，自己必得大刀阔斧地干一下，把敌方的成绩及早推翻。因此，他便叫西威到安罕去，利用她的有名的挑拨手段去就地捣蛋，以期破坏亚纳的名誉，使他的理想成为宫廷的笑柄。

亚纳听说安堡格将军要去拜访，心里也知道麻烦来了；事实上西威到了不上几天，果然就显了神通。她想方设计使她叔父不喜欢亚纳，说亚纳给他孩子卡尔受的教育不合适，笑他不该随便让农家女子到堡里去。尤其糟糕的是，她要破坏顾中尉的名誉。她使同来的猎户在村里散布种种恶意的流言，说顾汝飞的坏话，那些轻于置信的村人也就很快地相信他们的新教师是一个逃亡的兵士，找不到安身之所才去教书的。这种流言对于蓬那的善举很有不良的影响，牧师觉得不得不报告亚纳了，所以打发米舍尔送了一封信到安罕去。

那天天气很热，堡里正有宴会，将军比平日多喝了一点酒，和西威坐在露台上。突然她指着门外一个农人说道："有人来找亚纳，他又会要离开我们了。"老将军本已很兴奋了，这样一来，正如火上加油，便叫那汉子赶急走开。但是米舍尔信没有送到，不肯就走，只退远了一点点，等着交信。"还在那里！"西威向她叔叔叫道，"你看，农人们谁都知道你在这里有多大的势力呢！"——她用这种言词激他，使他叫下面的猎人带着狗去把那农人赶走。

这时候将军被请到里面玩牌去了，若不是西威招着手，要猎人去执行他的命令，猎人本也会安心做着自己的事情的。卡尔看见两只狗放出去了，在追那无罪的人，他便尽力奔上去，叫它们转来。他抓住后面一只狗苏丹的颈圈，追上去，叫道："土克！土克！"

西威站在露台上看着，好像看喜剧一样，唤卡尔道："傻孩子！它又不会把他吃掉的！"这句话倒是真的；假如米舍尔懂得它所受的训练，它是咬都不会咬他的；因为堡里的狗经过了一种教训，追赶穷人的时候只准大大地撕下一块破布,然后就让他们走。但是米舍尔不懂得这种道理,他背靠着墙,用那有节的手杖打它,像是曾经看见过狗,并不怕它似的。土克看了这种反常的待遇,很是诧异,竟把规矩忘了,像只没受过教育的狗一样,把牙齿陷进了农人的大腿。米舍尔到底力气大一点,挥着手杖,给它肋骨上痛打一棍,土克便咆哮着退去了,那时候恰好卡尔也牵着苏丹到了。

"和我去吧。"孩子握着那受伤者的手,和善地说道。他替父亲解说,说他一点也不知道。"我晓得他是不知道的,"米舍尔说道,"即使我被咬死了,我也不会怪他的。"

"你会死吗?——不会死吧?"卡尔看见赤血四溅,很关切地问道。血愈流愈多了,米舍尔觉得自己会晕倒,求他立刻去叫克拉斯来。

卡尔喊过克拉斯之后,一直跑进客厅,头发纷乱,双手血迹,推开绅士淑女们,要把事情告诉他父亲。西威手里拿着牌,大声叫他不要大惊小怪,因为事情是她亲眼目击的,她知道那个汉子安全地走了，不曾受重伤的，——而且根本就是他自己的错处。

亚纳见她滔滔不绝地说，止住了她，叫她放自重一点，让孩子把话说完。大家的注意力都被引起了，因为那孩子说："都是她的错处，——别人谁也怪不上！"

这时候门房也奔进来了，气喘喘地说："那人死在草地上了！"

他的话还没有说完，亚纳已经奔出房门，走下楼梯去了，不提防急促之间脚上的踢马刺绊住了桌布，把磁器、玻璃、银器一齐拖倒地上。茜露沙也跟着他去了。他们赶到的时候，米舍尔已经苏醒了，很感谢他们的同情。亚纳亲自扶他到屋里，小心翼翼地给他扎住了伤口，然后用病床送他回去。

第三十三章 谚女

第三十四章 恶报

农夫们自己主持公道

亚纳读着米舍尔送去的信,叹道,"这真太难为他了!"他又怒又急,浑身战栗,信也看不完了,茜露沙看了他的面容,不禁叫道:"天呀!你的神色比米舍尔还难看呀!"

"我望,"——他呆望着答道——"我望只是一只狗咬了我罢了!我心里还有一只更坏的禽兽在咬着我呢!"

亚纳说话的声音简直不像他自己了,茜露沙也着了急。"去睡一会儿吧,"她求他道,"你病了啊!"他只得依从她的劝告,但是起身的时候,竟至支持不住,毫无力气地倒下去了。那天晚上他发着很大的寒热。

将军的酒醒了,一晚也没有睡。狗咬米舍尔的景象,蒙蒙糊糊地在他心里转来转去;他也不知道是不是自己或西威的错处，也不知道那人是不是真的死了。他听见克拉斯在亚纳的房中走来走去，便问克拉斯，出了什么事情，问那人是不是死了。"没有，他没有死，但是那样一咬是可以致死的；主人的身体现在也很不舒服。"仆人答道。

将军仔细问他日里的事情，知道人人认为西威是唯一的罪魁。"那样说来，那么，一定有不少的人知道是她的错处了？"老人问道。

"当然。"

"他们怎样说呢？"

"你老人家知道，一般人想起自己也许会受到与米舍尔同样的侮辱，他们还有什么好话说吗？"

"别是这样含含糊糊的，他们说些什么？告诉我吧！"

"他们说这是一种可诅咒的诡计，顶好给她一个报复。我希望你老人家不要见气。"

"当然不会见气的。谢谢上帝，好在他没有死！"

"你老人家不如说他没有死于她也有好处呢！"

"为什么？"

"假如他死了,她的性命也难保的!"

"现在不会有人想谋害她吧?"

"我想她顶好不要出堡走得太远了,让第一阵风暴过了再看。"

克拉斯看见将军很和善,有了胆量,于是把西威如何如何地见憎于村人,如何如何地散布流言毁谤顾中尉,一一向老将军说了。老将军听了不胜忧急,第二天一早就跑到西威房里,告诉她亚纳病了,并且责备她对顾汝飞的行为不对。西威老羞成怒,说自己遭了冤屈,吃过饭就要只身到蓬那去调查真相。将军把克拉斯的警告告诉她,叫她带个人去;可是将军愈关心,她就愈生反感,竟自只身跑到村里去了。

那天下午,农人们在路旁的酒店里谈论西威。大家的意见都是一致的;大家都说那种惨无人道的举动从来没有听见过,说将来第一个遇着她的人顶好也照样把狗放去咬她。一个屠户从那里路过,从酒店里出来,赶着一部车子在山林边界走,看见一个单身走路的人。那人身材又瘦又小,穿得与众不同，满身装饰，炫耀夺目，——是了，看那样子，那单身的人一定是西威那可恶的东西无疑了。

屠户的血液沸腾了，心在突突地跳。他周围一看，什么人也没有。他把车子藏到树林里，强悍的幼狗在摇着尾巴，跳来跳去。"干呢？不干呢？"他自思自想道。引诱力太大了！他从枞树林中用手指着，给了狗一个暗号。狗便纵身而上，顷刻已达到了它的目标。它按着规矩，只向她扑去，在她身旁纵上纵下，然后再又纵身扑去，一面大声咆吠，可是并不咬她。西威的宝石带给它一掌撕破了，薄薄的上衣也给它从顶到底撕碎了，周身飞舞着白色的布片。头上的发网也掉到了颈上，假发散得满地都是，空气中也充满了她的尖锐的叫声。

屠户安详地看着，心想"有两分钟她就够受了！"——两分钟后，他便吹着哨子，把狗叫了转去。将军因为她一人出去，很不放心，暗地叫猎人跟了她去，这时听见有悲呼之声，过了一会儿才想起也许是自家的小姐在叫唤。他走上去，一看那种情形，几乎忍不住笑了出来，只得回身镇静一下，方才上前探询西威遭劫的原因。

她说是一只疯狗攻她,但是猎人不相信,他说疯狗不会撕碎人的衣服而不咬人的。西威差不多吓疯了,虽然大家告诉她,说她身上东一处西一处的伤痕是狗爪抓的,不是狗口咬的,但是她总以为自己害了第一期的疯犬病。她说不出那狗到底是个什么样子;她说,那狗比她自己还大,——她从没有看见过那样的牙,那大的口。狗的毛色她也说不清楚,——她说似乎最初是白的,后来又变黑了;她觉得只看见了狗的头和口。此外什么都没有看清。这样说来,自然找不出一个头绪来的,大家都不知道怎样办。

第二天早晨西威醒来的时候,神志清醒了一点,她记起了曾经听见有人从树林里吹着哨子,那只狗一定是有意放去咬她的。她心里立刻起了一个报复的念头,主张凡是家里有狗,平日爱吹哨子的农人,一概施以逮捕。但是她叔父不赞成这种笼统的办法,因此她就生气道:"我受了委屈,难道就一个人都不关了吗?"

"没有证据,哪怕一只猫都不能关的。"将军离开房里,冷淡地答道。

西威的骄傲受了一次大大的打击,神志很是沮丧。她觉得自己在世界上太没有地位了,连反对亚纳的计划都不能实现了。人类所不能做的事,屠户的狗已经做了,——它使她有了自知之明!

第三十四章 恶报

第三十五章　激婚

亚纳患病的结果和一个继母的聘定

　　亚纳的病一天比一天沉重；温度逐晚增高，体力一天天的不行了。茜露沙和孩子们忧伤之至，睡也不能睡，饭也不能吃，度日如年。堡里的人无不着急，将军尤其难过；他身体比病人更瘦，血色比病人更坏，晚上比以前更睡不着。他心里总觉得亚纳会死，一切都是自己的过错。西威的情形也不见得比将军好，不过她不好的原因不同，她对于亚纳的生死并不关心。仆人们想起了主子患病的原因，不胜痛愤，如果有人激动一句，就可以把她丢到窗外；他们对于猎人也差不多容忍不下了。只有亚纳很宁静，——因为发热之后，他的头脑百无所思；和妻子朋友们愉快地谈着自己的末日。

　　村中听说亚纳病得快死了，孩子们都同声地哭泣，许多父母们也一同悲啼，大家都谈着亚纳对他们或他们的家庭的好处。但是瞬刻之间，大家的感觉又都变了。他们把他当作已经死了，想着他死了以后一切事情会有什么变化。村人们的脑子比蜘蛛结网还快，立刻生了许多最离奇的想望。凡是不得志于亚纳，想要什么东西未蒙允许的人，不满于现状的人，心里都想"好了，现在什么事情都会变了"。

富农们还没有忘记菩提树下的屈辱，贫农们得了亚纳的山羊没有付钱，也以为借此可以不必付钱了。大家在光天化日之下把酒从山那边运到酒店去，牧童把各自的牲口赶到贫人的垣内，富人在旁边笑着。

梅饶村正自当村正以来，以这个时候为最舒服了，凡是堡里出来的人，他都愁容满面地问他：亚纳是不是真的不能好了。他妻子也同样高兴，因为她想她的阔表兄弟，那位旅店老板，现在可以得着她的小姑了，她当然不会再想鲁迪了的。梅饶跑去和他妹妹商量，但是她很生气地拒绝了他。她觉得他们认为她可以完全因为亚纳的关系而与一个男子结婚，又想利用亚纳患病的机会而夺去可怜的鲁迪所久已盼望着的新妇，心里很是生气。"不行！"梅饶走了，她就马上叫道："我要使他们知道，我嫁鲁迪不是为的亚纳，是为的他自己！可怜的鲁迪等得太久了，——我现在决定嫁他了！"

她眼泪潸潸；她再不想到她哥哥嫂嫂了，也不想到自己的决心是怎样决定的了；她只觉得鲁迪和孩子们站在她的面前，看见他们屋里墙上悬着的图画。她关了门，从书架上取下她的祈祷书，大声读着新嫁娘的祷词；然后把头伏在手上，泪沾书页，祷告上帝，望上帝帮助她的决心；最后，她拭干眼泪，满心难过地走到廖泥匠家里去。

格姝因为她的朋友老是让鲁迪悬着，不肯结婚，心里很不高兴；这时看见她从街上慢慢走来了，心不在焉的样子，以为她的来意不好，很不耐烦地到门口迎着。梅饶的妹妹走进屋，一屁股坐下，喘息说道："我决定了，我一定嫁他。"

格姝以为她是指的旅店的阔老板，便带着责备的语气答道："我想不到你会这样的呢！"

"你说什么?"客人惊异地问道。

"说想不到你这样世态炎凉!"

"你说的话是什么意思?我说的话你不懂吗?还是另有别的原因呢?"

"你因为亚纳病了,便突然变了心,要嫁旅店的阔老板,真令我伤心啊!"

"我这才听懂了你的意思!"梅饶的妹妹笑道。

"你还笑?"格姝含泪问道。

"我该笑啊!"

"你不该!——你真使我不能不生气了。"

"啊,我是开玩笑的;他还不知道,只要你肯和我讲和,我可以使你高兴呢!"

"你简直会把我气得发狂!"

"你真使我好笑!你还不知道自己是误会了吗?我不是要嫁旅店老板。"

"但是,——你说的决不是鲁迪!"格姝叫道,她终于得到了一线光明。

经过这番说明之后,朋友两人就到鲁迪的茅屋去了。鲁迪正在给孩子们绞纱,看见她们跨进房门,手里的缫纱管不动了。他不能动作,他不能说话。梅饶的妹妹坐到他身旁,格姝说道:"现在她是你的了!"

孩子们停了纺车,站起身来,格姝向他们说道:"现在她是你们的母亲了!"梅饶的妹妹一个个握着他们的手,说道:"好孩子,上帝保佑我们吧!"——鲁迪握着她的双手,接着说道:"唯愿如此啊!"

她那天晚上都在鲁迪家里,她告诉格姝,说她愿意就把自己当作鲁家的人一样。她接着鲁迪手里的缫纱管,说他绞得不对,很愉快地代他绞着;她又帮孩子们弄好纺车,给内中两个梳好辫子,又给小的孩子煮好杂粥。她把鲁迪的婴孩抱到膝上,给他喂饭;然后替他脱了衣,抱在手里,像圣母抱着圣子的图画一样;她教他向所有的哥哥姊姊请了晚安,然后把他放到床上,唱着歌儿催他睡。她回去的时候又从鲁迪的花园里采了一束花,带回家去。

第三十六章　忻乐

提心、快乐与结婚

村里相信亚纳死后一切事情都会大生变化的人,一天比一天多了。孩子们从学校回家,说顾中尉眼睛都哭红了,许多父母通说:"他是有原因的,亚纳一死,他的面包牛酪不就完了吗!"这种说法使得孩子们很担心,散学以后,大家围着先生,站得最近的一个战栗着问他,要他告诉他们;万一亚纳死了,他是不是便不能够当他们的先生了?最初,他说不出话来,因为他太受感动了;他站到窗子门口,喘着气,像个有咳嗽的毛病的人一样。然后回转身去,伸着双臂,叫道:"孩子们,即使上帝不把亚纳留给我们,我也不会离开你们的!"孩子们快乐得含着泪跑回家去,但是他们的父母并不相信他的话能够实现。

玛丽听到了村人对于顾中尉的议论,她便跑去求她哥哥康梅饶帮忙，保证新校的安全，她又设法打动小雷南德妻子的同情，要她求他也来帮忙。她们一道去看老雷南德，老雷南德是人人爱护、人人崇仰的，他很乐意允为出力。他一家家地去拜访蓬那村内顶阔的农人，把来意表明之后，便请他们为自己的孩子与村里的幸福着想，在他带去的约书上签名，否则他便自愿代他们缴付应该纳给学校的用费，而把他们的名字写下来，作为受了他的施舍。这个方法很有效力，因为谁也不愿自居于接受施舍者的地位，所以当天晚上大家便都把名签好了。

同时，亚纳患病的消息也传到了公爵的宫廷里，毕立夫自请立刻到安罕去视病。公爵不独准了他的请求，并且叫他把御医带去，设法消除亚纳的一切痛苦。那位名医看了病之后，肩头一耸；然后打开药盒，各种的药香充满了全屋。箱子里放着可怕的银钳、金钳、针、刀、海绵、绷带、一块块的蛇磨成粉的蝇、毒药、金属、半金属、化学制剂、自然药物、软膏、膏药等等东西。他把药量了之后又和，和了之后又磨，磨了之后又烧，烧了之后又冷，一点钟后,亚纳身外敷满了上述各种药品,身内也服了一样多。

病人的状况很危险了;他人事不省,医生叫家属都退出。家属提心吊胆地在门外等着,刻刻提防他的死讯出来。茜露沙晕过去了;孩子们跪在地上,牧师朗声做着祷告。突然之间,室内有一点点动静了,医生轻轻地打开门,耳语道:"他出汗了,还有一点儿希望。"过了一刻钟之后,消息更好了,在那可怕的晚上,消息一时比一时好。

到了第二天早晨,他确是好多了,但是身体很弱,什么人医生都不准他接见。毕立夫只从半开的窗口看了他一眼,和牧师、顾中尉在蓬那停了一天。他把村里最近的改革仔细考察了一遍,学校从上学到散学,上下午两堂他都在那里。他仔细考查孩子们的工作,尤其注意功课与劳作并行的情形,但是他在把一切情形看完以前,他一句话也没有说。看完以后,他才向焦心的顾中尉表示对于他的教法极热烈的赞美。"我看你的计划既合于孩子们的内在天性,又合于他们的社会状况,"他说,"人要发展得好,能够好好地达到他在社会上应有的地位,他在世界上才能觉得快乐,觉得安全。你的方法对于这种需要之应付得当是我从来没有见过的。是的,我的亲爱的中尉,假如内阁想要创行一种计划,使人们都能尽其最大的能量以为有益的服务,那么,那种计划一定得照你所做的一样才行。"

一滴眼泪在顾汝飞的眼内摇曳不定,但是他说不出话来。毕立夫握着他的手,向他告别道:"凡事有我担当,但是你该继续你的工作,作为不认识我一样,作为世界上没有我这个人一样。"

亚纳的病一天天好了。蓬那的人们这才觉得世界上再没有人像亚纳一样对他们可爱了,他得了不少的同情,不少的礼意。孩子们结成队,到堡里去贺他恢复健康,他很和善地接待他们,和他们谈着学校,谈着羊只,谈着储蓄。不久村里就知道梅饶村正的职务已经交给康梅饶了,穷人们听了这个消息快乐极了。

亚纳病后第一次从堡里驱车到蓬那去的时候,大家给他预备了一个盛大的宴会。晨曦初上,钟就鸣着，村人们无间老少都去欢迎他。孩子们戴着花，队前是鲁迪的新人行列，因为他决定了那天结婚。

他们听见亚纳的车子远远地来了，大家都涌上去欢迎，他还不能从枞树中间看见他们的时候，早已听见他们的大声欢呼了。他下了车，赶急抢上前去迎着敬爱他的人民。彼此打过招呼之后，他便自己领队，鲁迪跟在身旁，茜露沙则领着玛丽，大队人马愉快地下山走到教堂里去。大家在教堂里跪着谢了上帝拯救亚纳的恩惠，唱完赞美歌，然后领着新夫妇走上圣坛。

这种婚礼是蓬那从来没有看见过的！钟声和鸣，亚纳领导新人到牧师家里，茜露沙和鲁迪随行。他们看见牧师屋里摆满了桌椅，桌上放着酒、面包、牛酪、牛乳、腊肠、糕饼，老幼都够吃的。野餐以后，村人在草地上跳舞，亚纳、茜露沙也加入作乐。连将军和牧师太太也一同跳舞，大家的心里都有说不出的愉快。

第三十六章 忻乐

第三十七章　余音

结尾

亚纳病愈一年多了,他的博爱的活动畅行无阻,阻力一天比一天少。他用法律的力量帮助改革运动,法律一方面保护个人的利益,一方面限制个人不得做妨害公共秩序的活动。新村正却更进一步,令亚纳与中尉都为之惊诧不已。他召集全村的人,当众宣布:叫他们在二十五年之内积存一笔钱,一次付清土地的赋税,以后土地便作为永租的性质,永远免纳救税,可以传给儿女。他告诉他们:这个方法并无丝毫困难,只要继续不断地按年把收入存下一小部分就够了。大凡熟悉农人心理的人都知道:他们只要能得免税的土地,牺牲生命都是在所不惜的,所以村人们知道这个计划能够实行的时候,大家都很高兴。康梅饶又向亚纳和中尉陈说,使他们知道他的见解是合理的,他们也很明白:一个村落能在二十五年之内积存四万个佛罗灵,前途是很有希望的,——前途之必能繁荣是毫无疑义的。蓬那在经济方面与俭约方面经了这番推动之后,连犯事的人数都减少了,亚纳这才把断头台拆了,在它的遗址上修了一个类似医院的机关,略有犯事的人也都送进院中,设法令其恢复良善的正常的生活。

这时候公爵方面全无声息。毕立夫常和亚纳通信,对于他所推行的一切事情都表示着深切的同情,但是从没有向公爵提过。亚纳对于这种态度颇有一点点诧异不安,因为公爵从前对于他们是表示过兴味的;但是中尉记得毕立夫的话,相信他不参加意见是善意的。中尉的想法是对的;毕立夫担心在他们没有成功的完全把握以前,过早去考察蓬那的计划反而把全盘的事情都弄糟了,所以他不独不去引起公爵对于亚纳与顾汝飞的兴味,并且连他们的名字都不提到了,甚至于海力多在宫廷里讥笑他的朋友们的博爱理想的时候,他也不去和他辩争。除了海力多以外,大家都以为事情根本就失败了;但是海力多灵敏透了,知道敌方的退步,只是充实实力,以便迟早和他决战的。

同时将军的信向亚纳雪片般飞来,求他停止行动,免为宫廷内的笑柄;亚纳时时接信,也觉烦恼极了。有一天他正在坐着等待,要给他叔父一个满意的答复,突然出乎意料,他的困难解决了。毕立夫来了信,说行动的机会成熟了,他打算请公爵来考察蓬那的设计,以便广为采用。亚纳快乐极了,便把这封信送给他叔父,因为这是他所能够给他叔父的最好的答复。

同时毕立夫向公爵密奏,把亚纳设计的进步状况向他说明,请他注意这个小村里的公共机关与境内公共机关的不同之点,把境内的堕落状况描写得淋漓尽致。"你知道,毕立夫,"公爵叹道,"我深知你所说的全是实情;但是我很相信一切事情都是无法改良的。"

"陛下,我也知道这是很困难的;但是我相信有一个办法,一个唯一的办法,——就是政府要用这种力量促进人民的发展。"

"这种力量是可能的吗?"

"从亚纳努力成功的情形看起来,似乎是可能的。"

"难道你不知道全国人民的政府与一个贵族在他的小村里的私人力量是有分别的吗?"

"当然有的;但是陛下之有全国与亚纳之有小村正复相同,亚纳有的办法陛下也能有的。"

"我希望你说的话能有证据,证明它是正确的。"

"安多敷与南克朗的名字够证明吗?"毕立夫举出两位财政与法律方面的要人问道。

公爵听说两位这样小心聪明的政治家都赞同亚纳的计划,大为震动;但是他踟蹰了一会儿,答道:"不,哪怕他们两人都不行,我的余生不再这样糟蹋了!"然后改变语气,问道:"你要什么呢?要钱吗?"

"不要。"

"奇怪!那么,你要什么呢?"

"要陛下为国家作番考察,看亚纳的原则是不是可以应用到全国?"

"还有什么呢?"

"还要设立讲座,使全国的贵族都明白平民政治的原则,要指派一个委员会,凡是愿行这种原则的人,都由委员会予以指导及协助。"

"奇怪!——真奇怪!"公爵喃喃自语道,"你不要钱?——不要建筑?——不要任何机关?"

"什么都不要,只要十多本记录簿,以便记录委员会的一切行动,使人看了一目了然,像商人收付账簿一样。"

公爵想了一会儿,决定指派一个委员会,由海力多领导,拟陈普遍采用亚纳计划的困难;再由毕立夫逐条答复。

公爵一看送呈的文件,知道海力多的理由不充分,当即召唤毕立夫,说他决定考察亚纳的成绩是否确实,看他的改革是否可以推行到别的村落,以至于全国。"为彻底考察起见,"公爵又说,"考察员中应有熟悉法律财政的人、商人、牧师、官吏、教师、医生,此外还要有各种阶级境况的女子,以女子的眼光去观察,务期所看到的不是表面的幻象。"

他叫海力多自己挑定一组,加入考察,但是海力多不干，他说自愿从旁观察。他只给公爵一个临别的忠告，说："他们知道你会去，钟内的发条已经上好了，你在那里的时候不会停的；但是假若你能设法把主要的齿轮停止一会儿，说不定你就可以知道整个机器的弱点了。"

公爵叫各组的考察员在向他报告以前，不准发表意见；这是一个聪明的规定。因为初看的时候，整个的事情根本就太有野心了，太高调了，要用人力把它普遍地采用是不可能的。但是他们仔细考察之后，他们就一天天地相信可以采用了，到了第六天，他们就一致地主张把亚纳的原则普遍采用。

公爵看见以人为的努力和聪慧，居然做出那么大的成绩，简直自己都不相信自己的感官了。他和中尉与康梅饶谈论；他看了以前贫苦陷溺不堪的鲁家孩子；顾汝飞指着格姝说道："鲁迪的孩子就是她使他们养成守秩序、耐劳苦的习惯的；我远没有想起我的学校，学校早已在她的房里成立了；没有她的学校，我是没有机会设立这个学校的。"

公爵对于所见所听的，深为感动；他觉得自己的同情之心大动，再也不能保持一种冷静的、无所谓的判断了。这个时候他想起了海力多的忠告。"我不该有偏心！我该把主要的齿轮停了！"他叫道。因此，他便向亚纳、中尉、牧师与康梅饶说道："你们都得到斯克拉去，在那里住三天；在这三天之内，你们可以考察那地方的情形，看你们的学说在那里的孤儿院、牢狱里可以用得着多少。同时我就在这里用一种比较冷静的态度来考察。"

他们走了之后，公爵就用山猫的眼光考察着，看能不能看出什么变动，但是并没有变动；什么事情都照常进行，和以前一般无二。到了第四天，他就到斯克拉去，全不知道斯克拉变成了一个什么境况。在中尉指导之下，斯克拉成立了个学校，和蓬那的一样，开始只有十二个孤儿；感化院的十个男子由康梅饶教授纺纱，进步极快；亚纳和牧师便搜集囚徒与七十个孤儿的历史，使他们深知那地方公共机关的可怕现状。

公爵正为他们三天的成绩而木然不知所措的时候，他被一种声音惊觉了。一队囚徒，一队孤儿，跪在他的脚下，要求也能得到像那四位绅士一样的父母官与指导者。"起来吧，囚徒们！"他叫道，"起来吧，孩子们！你们的命运交给他们了。"他说不出旁的什么了。孩子们仍然跪在地上，神圣的寂静统治了全场，大家心里都充满着对于前程的最甜美的希望。

第三十七章 余音

跋

昌宁女士的德文原版的英译导言已经交代《贤伉俪》之大概，我国现代著名历史学家和历史教育家、中国新史学派的领袖何炳松为汉译本作序，对傅任敢先生的翻译做了中肯的评价。我只想从教育研习者的角度谈谈自己的读书体会。

青年时期的裴斯泰洛齐深受启蒙思想家卢梭等人思想的影响，他向往农民的自然生活，崇尚自然，主张人人平等，致力于维护穷苦人民受教育的权利。兴办理想学校，建立新教育，革除社会之陈腐，推动社会进步是裴斯泰洛齐毕生的追求。而《贤伉俪》便是他的教育表达。

与卢梭不同的是，裴斯泰洛齐并没有把人的本质（所谓人性善）理想化，更没有对现实做虚幻的描述，没有像卢梭那样把爱弥儿放进他幻想出来的社会环境。裴斯泰洛齐从那个时代瑞士农村真实的落后状态说起贤伉俪的故事。

从实验和理论原则角度出发，裴斯泰洛齐认为："自由是一种财富，而服从同样是。我们要把卢梭分开的东西连在一起。"他进一步指出，放纵自由将会导致教育中的服从变得不可能，进而阻隔情感与知识在师生间的传递。但是，若完全依赖父权式专制获得权威服从，将会滋生新的社会性专制。

在瑞士贫穷落后的蓬那村，充斥着愚昧与不幸。"全村之内只有一家茅舍不受这种搅攘的侵袭，那就是格姝的家庭。"这是因为这家茅舍的女主人贤惠、善良、正直、聪颖。她把全部的爱献给了家庭，献给了所有的孩子。在州官亚纳的坚决支持下，以贤伉俪廖纳德和格姝为代表的村民同压迫者做了坚决的斗争，同乡村的愚昧、落后、迷信与自私做了不懈斗争，终于推倒了以村正亨美尔为代表的邪恶势力，改变了村民的精神面貌，开启了新的生活。格妹教育子女处处关心、帮助穷人的孩子。在老实人鲁迪家中,格姝用爱心帮助鲁迪教育子女,并教给鲁迪和他的孩子们如何料理家务,让鲁迪家逐渐变得整整齐齐,甚至帮鲁迪解决婚姻问题。

作为一家主妇的格姝是大教育家裴斯泰洛齐推出的美德的范型、家庭教育的优秀者,更是对现代教师的隐喻。《贤伉俪》中格姝鼓励丈夫与邪恶势力斗争,她深爱她的儿女,她承受着贫困家庭的重担,给孩子们以新的教育。其隐含的意义是,教师首先要像"母亲"一样,充满着热爱儿童、尊重儿童的"爱的精神"。但是,这不够。格姝在日常生活中对子女的教育是认真而严格的。一次,尼哥把妹妹挤哭了,格姝便"叫道'你的举动不对!你刚才答应我以后做事要格外小心;到现在还不到一刻钟呢。可见你说的话并无诚意'",格姝严厉批评了小尼哥。可见,对儿童深沉的爱不是放任,格姝并没有放弃批评管教,她对每周一次的孩子的反省活动更是一丝不苟。

本书第三十一章介绍了村子里第一所学校的要

求：新教师最关心的是使孩子们养成遵守顶严格的秩序的习惯，使他们真能得到生存上的智慧。钟声一响，他便按时上课，决不让任何学生迟到一点点。请注意，这里用了"顶严格"来修饰"秩序"。有一个贤淑而又能干的妇人，名叫马嘉莱，帮他照顾缝衣纺纱等等事情，是他学校里一个最有价值、最好心的助手。每逢孩子们纺车出了毛病，停了，她便起身去弄好；如果孩子的头发乱了，她便在他们用功的时候给编好；如果衣服破了，她便拿针线给缝好；她又告诉他们怎样穿鞋子，怎样着袜子。这位手工纺织老师多么慈爱，使读者又不禁会想起格姝。这说明裴斯泰洛齐的学校是爱与要求的结合，是母亲的慈爱与父亲的慈爱的结合。

作为这座村子里的小学校的校长和教师，顾中尉对儿童充满了爱，但是他不溺爱，而是严格要求。他主张教师要拥有教育的权利，对儿童的问题要批评甚至处罚。但是"处罚学生的目的是在改正他们的错误。学生如果懒惰，不肯用功，他便叫他去劈木柴，大些的孩子在修墙便叫他去运石头；学生如果做事疏忽，他便叫他给学校当信差，几天以内，先生在村里的事情都得由他去做。不听话的、无礼貌的，他便好几天不和他在公众的地方说话，只在私室里，下课以后才和他谈谈，以示处罚"。但是顾中尉"处罚儿童的时候，态度仍很和蔼，特别和他们多多谈说，帮他们改过自新"。

《贤伉俪》勾勒出裴斯泰洛齐的教育理念。裴斯泰洛齐教育思想中最突出的一点就是强调情感教育和爱的教育。他的惩罚是在爱的基础上进行的，既关心爱护，又严格要求，使受罚者获得了心理平衡，真正体会到没有爱就没有罚，罚是为了更深的爱。

以上叙述涉及裴斯泰洛齐与卢梭思想的碰撞。卢梭墓志铭上写着"自由奠基人"，裴斯泰洛齐的墓志铭则为"人中之神，神中之人"。卢梭教育论对自由发出炽热呼唤，而裴斯泰洛齐的教育理想则立足于尘世，在自由后面加上了严格的要求，激励人们追求高尚的人性。

本书翻译出版于1937年。第二年傅任敢先生便应梅贻琦要求创建重庆清华中学，为抗战救国培养人才。我不禁想起本书译者傅任敢先生在创建重庆清华中学的实践中体现出的教育管理思想。重庆清华中学建立了制度化校纪，立法必行，对于保证学生的全面发展和创造优异教学质量，发挥了制度管理的育人作用。"人人都要参与文体活动，学生吃饭时间不得少于15分钟，学生必须游完100米才能毕业。晚十点必须就寝"——这些刚性安排凝聚了管理者的良苦用心，折射出傅任敢校长对学生浓浓的爱与对德智体美劳五育全面发展的坚守。不揣冒昧地猜想，当时，卓越教育家傅任敢先生对重庆清华中学的管理，是不是也受到了裴斯泰洛齐思想的影响呢？

是为跋。

王长纯*

2021年1月28日于北京

---

* 作者系首都师范大学教授，全国教育科学规划比较教育学科组成员，教育部人文社会科学重点研究基地北京师范大学比较教育研究中心学术委员，东北师范大学兼职教授，原首都师范大学教育科学院院长。

图书在版编目（CIP）数据

贤伉俪 /（瑞士）裴斯泰洛齐著；傅任敢译. —上海：上海教育出版社，2022.3
（傅任敢作品选）
ISBN 978-7-5720-1377-5

Ⅰ.①贤… Ⅱ.①裴… ②傅… Ⅲ.①长篇小说–瑞士–近代 Ⅳ.①I522.44

中国版本图书馆CIP数据核字(2022)第036202号

责任编辑　董　洪　孔令会
书籍设计　陆　弦

傅任敢作品选

贤伉俪

[瑞士] 裴斯泰洛齐　著
傅任敢　译

出版发行	上海教育出版社有限公司
官　　网	www.seph.com.cn
地　　址	上海市闵行区号景路159弄C座
邮　　编	201101
印　　刷	上海展强印刷有限公司
开　　本	787×1092　1/32　印张 8.875　插页 4
字　　数	120 千字
版　　次	2022年3月第1版
印　　次	2022年7月第1次印刷
书　　号	ISBN 978-7-5720-1377-5/G·1085
定　　价	59.00 元

如发现质量问题，读者可向本社调换　电话：021-64377165